U0449684

乔·吉拉德
快速推销技巧

兰晓华 ◎ 编著

JOE
GERARD

KUAISU TUIXIAO JIQIAO

中国纺织出版社

内 容 提 要

乔·吉拉德——连续12年被《吉斯尼世界纪录大全》评为世界零售第一、连续12年平均每天销售6辆车、迄今唯一荣登汽车名人榜的销售员。他从不认命，自强不息，他不断创新，超越自我，他用坚韧不拔的精神超越了一切，创造了伟大的传奇！

本书正是本着向乔·吉拉德取经的目的，帮助广大销售员提高销售水平，提升自我价值，找出属于你的个人特质，让你借助销售大师的经验和教训，成为另一个销售界的明星！

图书在版编目(CIP)数据

乔·吉拉德快速推销技巧/ 兰晓华编著. —北京：中国纺织出版社，2012.11 （2024.4重印）
ISBN 978-7-5064-9138-9

Ⅰ.①乔… Ⅱ.①兰… Ⅲ.①推销—方法 Ⅳ.①F713.3
中国版本图书馆CIP数据核字(2012)第214665号

策划编辑：闫 星　　责任编辑：曲小月　　责任印制：储志伟

中国纺织出版社出版发行
地址：北京东直门南大街6号　邮政编码：100027
邮购电话：010—64168110　传真：010—64168231
http://www.c-textilep.com
E-mail:faxing@c-textilep.com
北京兰星球彩色印刷有限公司印刷　各地新华书店经销
2012年11月第1版　2024年4月第2次印刷
开本：710×1000　1/16　印张：15.5
字数：184千字　定价：69.80元

凡购本书，如有缺页、倒页、脱页，由本社图书营销中心调换

前言

如果你从事推销行业,那么你不可能不知道乔·吉拉德——一位伟大的推销员,一个推销行业的神话。他1929年出生于美国一个贫民窟,他从懂事时起就开始擦皮鞋、做报童,做过洗碗工、送货员、电炉装配工和住宅建筑承包商等。他患有严重的口吃,35岁以前,他换过40多个工作都无所作为,可以说,他曾经是个失败者,直到他加入汽车推销行业,他辉煌的人生便开始了。

谁能想象得到,这样一个不被看好,而且背了一身债务几乎走投无路的人,竟然能够在短短3年内被吉尼斯世界纪录称为"世界上最伟大的推销员"。他一生的零售销售总纪录是13001辆;每月最高销售纪录174辆,连续12年平均每日售出6辆车。他一直被欧美商界当成"能向任何人推销出任何产品"的传奇式人物。

乔·吉拉德的成功自然有他独特的方法。成功人士的方法是我们成长的最佳参照。

乔·吉拉德曾经说过:"推销的要点不是在推销商品,而是在推销自己。"这句话,可能很多推销人员都听说过,你很可能会不以为然,然而,这句话却真实地反映了吉拉德的推销思想——吉拉德在推销工作中从不放过任何一个小小的机会,一张名片就能成为他推销的"敲门砖",并使自己跨越陌生人之间的障碍与客户进行沟通,这就使推销前进了一大步。因此,销售商品前,请先销售你自己!

其实,站在这个新时代的起点上,我们每一个销售人员都充满了希望,只要我们学会吸取经验,就能够站在这位巨人的肩膀上,展望自己的未来,成为下一个乔·吉拉德。这本书就是推销员借鉴巨人的最佳途径,它向我们展示了吉拉德的每一个推销技巧,并结合吉拉德和一些销售精英们的推销事迹,从实用性出发,为刚刚进入销售行业和正在从事销售工作的朋友提供了切实可行的具体方法。通过本书,你可以更好地进行销售工作,继而在现有岗位或未来的岗位上轰轰烈烈地做出一番成就。

编著者

2012 年 4 月

目录

第1章 认知自己，建立销售自信 ········· 1
学会使用世界上最有力的词 ········· 2
搞清楚是什么会让你产生恐惧 ········· 5
要有强烈的"我可以"的信念 ········· 8
找到销售中建立自信心的方法 ········· 10

第2章 推销自己，顾客从认识你开始了解产品 ········· 15
让自己成为销售中的一种品牌 ········· 16
把自己推销出去也是一门销售课 ········· 19
掌握几种接近客户的技巧 ········· 22
要做到对自己的产品了如指掌 ········· 25
用魅力谈吐成就好的开始 ········· 27

第3章 目标明确，销售一定要缜密规划 ········· 29
要干得聪明而不仅是勤劳 ········· 30
事先为客户创造多种需求的规划 ········· 33
营造良好的销售环境 ········· 36
分析客户类型，计划应对策略 ········· 39

要做好排除客户异议的准备工作 …………………………… 42
牢记销售目的，让主动权始终掌控在自己手中 …………… 45

第4章　准备充分，工具与资料让销售更有把握 …………………… 49
吉拉德的工具箱 ………………………………………………… 50
制作并巧用档案卡片和信件 …………………………………… 53
准备"实例资料"，事实更有说服力 ………………………… 55
了解销售环境，以便就地取"材" …………………………… 58
每天的销售总结都是对下一次的准备 ………………………… 61
同类产品的相关材料亦要具备 ………………………………… 63

第5章　用心接待，投入地观察能抓住有效信息 …………………… 67
话里有话，试着揣测顾客的心 ………………………………… 68
发现客户的眼神与微表情 ……………………………………… 70
客户的神色正在表达他最重视什么 …………………………… 73
瞬息的表情透露的是顾客的真心 ……………………………… 76
装扮服饰暗示顾客的需求与品位 ……………………………… 79
嘘寒问暖中发现客户的意愿 …………………………………… 81

第6章　专业展示，用点心思让客户更信赖 ………………………… 85
独特理念，吸引更多人观看展示 ……………………………… 86
让顾客参与产品的演示 ………………………………………… 88
用专业买家的眼光来解读产品 ………………………………… 91
在展示过程中进行有效提问 …………………………………… 93
展示不必细，但一定要展示得巧妙 …………………………… 95

第7章　热忱始终,有源源不绝的激情才能做好销售 …… 99

学会消除不良情绪 …… 100

热情是可以锻炼出来的 …… 102

让销售变得有趣些 …… 106

不要因为别人的打击而颓丧 …… 108

热爱工作,不要在乎他人的眼光 …… 110

始终洋溢着神采,才会更有感染力 …… 113

第8章　善挖客户,每一个人都是你该珍视的对象 …… 117

名片的功用超乎你的想象 …… 118

让身边人成为你发现新客户的"猎犬" …… 120

制订潜在客户名单,宁可被拒也绝不放过 …… 122

善于挖掘,让老顾客的需求源源不断 …… 124

拓宽视野,一个关系点可以扩展出无数关系网 …… 127

"250法则",看到顾客背后的顾客 …… 130

第9章　感性销售,用真挚的情感化解顾客的疑虑 …… 133

乔·吉拉德的独创秘籍——感性销售 …… 134

倾听的技艺成就销售的辉煌 …… 135

用自己的经历感动顾客的心 …… 139

做知己,替顾客说出心底的烦恼 …… 141

用真诚的赞美去愉悦顾客的心 …… 144

讨巧煽情让顾客喜欢上你 …… 147

第10章　电话生金,透过声音的销售密码 …… 151

用好电话这根销售黄金线 …… 152

把握细节，接挂电话不是简单地拿起放下 ·················· 154
　　电话里的轻松幽默，缓解尴尬 ···························· 157
　　礼貌用语改变客户的态度 ································ 159
　　区别客户性格特征，沟通用准最佳方式 ···················· 162

第11章　成交有道，快速销售就要有所谋略 ·················· 167
　　推销的最佳策略是相对的诚信 ···························· 168
　　引人入胜，学会散发产品的魔力 ·························· 169
　　巧用激将之法，迅速达成交易 ···························· 172
　　绝妙配合，关键时刻同事助你一臂之力 ···················· 174
　　为顾客憧憬使用产品后的效果 ···························· 177
　　升级优惠策略，让顾客乐意付出更多 ······················ 179

第12章　管理时间，不错过每一个销售时机 ·················· 183
　　分秒必争，和"有用的人"吃饭 ···························· 184
　　避免拖拉，现场进行交付最理智 ·························· 186
　　快速创口碑，让某些顾客免费使用产品 ···················· 189
　　顾客犹豫的时刻是你敲定交易的时机 ······················ 191
　　百试不爽的销售魔咒让成交更高效 ························ 194
　　整理时间，不要因时间冲突丢掉任何一个客户 ·············· 196

第13章　倾听客户，理解客户的需求是你的制胜点 ············ 201
　　微笑聆听时你已经赢得客户一半的心 ······················ 202
　　在聆听中给予客户最适宜的回应 ·························· 204
　　耐心地倾听能为你促成交易 ······························ 207
　　顾客的需求就是你的使命 ································ 210

  做顾客的知己，多多制造共鸣 ·· 213

第14章 稳妥售后，老客户为你实现不败的销售梦想 ············· 217
  "第二次竞争"就是售后的开始 ·· 218
  让客户感到自己永远是最被重视的那一个 ·································· 220
  和顾客建立长期的合作关系的技巧 ·· 223
  挖掘老客户身上的潜在效应 ··· 226
  维护老客户的方法 ··· 228
  让老客户有动力为你推销产品 ·· 231

参考文献 ·· 235

第1章

认知自己,建立销售自信

"不要自我设限,无论在什么情况下,摆脱它,要对自己说,我做得到……那么,你有百分之九十九的可能就能做到。"

——乔·吉拉德

自信是什么?自信就是发自内心的自我肯定和相信,是一种积极的心态,是获取销售成功的最重要的精神力量。销售其实是一种创意式的苦力活。如果你想成为一个优秀的销售者,一旦你推销的工作展开,你就不能有丝毫的停顿。你不仅需要马不停蹄地面对许许多多的客户,而且还必须有充分的准备面对一次次的拒绝,这无疑是对你信心的打击,但如果连自己都没有信心,连自己都说服不了自己,又怎么能说服顾客、感染顾客来购买你的产品呢?所以,面对无数次的挫折、失败,你都必须有足够的自信心,都必须迸发出狂热的热情,展现你良好的销售姿态!

学会使用世界上最有力的词

什么是自信？自信是这样一种心态：你相信自己的选择是正确的，你相信自己的能力是出众的，你相信自己一定会成功。你不可能每一次销售都会成功；你的失败概率可能很高；不可能所有的老板都赏识你，都给你机会；不可能所有的顾客都会欣然接受你的销售，所以，面对无数次的挫折、失败，你必须要有足够的自信心。

如果连自己都没有信心，连自己都说服不了自己，又怎么能说服顾客、感染顾客来购买你的产品呢？

乔·吉拉德1929年出生于美国一个贫民窟，他从懂事时起就开始擦皮鞋、做报童，后来又做过洗碗工、送货员、电炉装配工和住宅建筑承包商等。35岁以前，他只能算个全盘的失败者：患有严重的口吃，换过40份工作仍然一事无成，负债累累，朋友也都弃他而去。

"我遭遇过一次人生的低谷——我的事业在一夜之间垮了，我又变得一无所有，负债达6万美元之多。法院要没收我的家当，银行要拿走我的车子。更糟的是，家里连一点吃的都没有，两个年幼的孩子——小乔和格雷丝整日饿得嗷嗷叫。这样的情景是一场噩梦。"吉拉德曾经这样叙述自己的遭遇，但他也说："没关系，笑到最后才算笑得最好。他望着一座高山说：我一定会卷土重来。

他紧盯的是山巅，旁边这么多的小山包，他一眼都不会看。3年以后，他成了全世界最伟大的销售员——"因为我相信我能做到。"

"信心产生信心，我再次确认这句话对我产生的力量。一年内，我的汽车销售业绩达到了1425辆，我终于从失败转而成为世界上最伟大的汽车推销员。"

乔就是这样一个传奇式的人物，他从一个身负重债、走投无路的人，竟然在短短的三年间就成为一个世界顶级销售员，而且，他至今还保持着销售昂贵商品的空前纪录——平均每天卖6辆汽车，最多一天销售18辆，一个月最多销售174辆车，一年最多销售1425辆，在15年的销售生涯中总共销售了13001辆。

是什么让乔·吉拉德走向了销售的顶尖位置？是自信！推销需要自信！销售人员要想成功敲开客户的心门，并且要能够说服他们，赢得他们的信任和欣赏，就必须坚信自己的能力，然后从容不迫地与他们侃侃而谈。如果销售人员缺乏自信，害怕与客户打交道，那么最终会一事无成。

世界酒店大王希尔顿，用少量资本创业起家，有人问他成功的秘诀，他说："信心。"

美国前总统里根在接受《成功》杂志采访时说："创业者若抱有无比的自信心，就可以缔造一个美好的未来。"

然而，现实推销中，很多销售人员都做不到这一点。一旦客户提出"不需要"或者"价格太贵"等问题时，他们便断言：要做成这笔买卖是不可能的。实际上，世界上没有什么不可能的事。在那些成功的销售员的字典里面，根本没有"不可能"三个字。只要你有信心坚持下去，就有成功的可能。

这里，我们不得不来探寻一下，乔·吉拉德是怎样获得自信的：

乔·吉拉德的内心始终在吼叫："进来吧！我一定会让你买我的车。因为每一分一秒的时间都是我的花费，我不会让你走的。"

"你认为自己行就一定行，每天要不断向自己重复。"

乔·吉拉德说过："在我的生活中，从来没有'不'，你也不应该有。'不'，就是'也许'；'也许'，就是肯定。我不会把时间白白送给别人的。所以，要相信自己，一定会卖出去，一定能做到。"

"你所想的就是你所要的，你一定会成就你所想，这些都是非常重要的

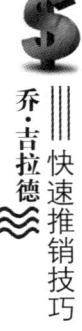

自我肯定。要勇于尝试,之后你就会发现你所能够做到的连自己都惊异。"

可见,学会使用世界上最有力的词,是一种建立自信的有效方式。因为在销售过程中,真正的自信,不能仅仅停留在内心,而应该大胆地运用语言表达出来,使用最有力的词,不仅能指引自己朝着销售成功的方向努力,还能让客户看到你积极的精神面貌,从而对产品产生信任,对你产生好感,进而愿意与你合作。

所以,正在为销售业绩苦恼的销售员们,不妨先从自身找找原因,如果你不够自信,那么,你要立即行动,将害怕、恐惧从你的内心彻底除去。立即行动就是需要你从今天开始做起,毕竟,昨天已经过去,而明天还未到来,你要关注的就是当下,是眼前!当你建立自己的信心时,不能总想着"以后再做",因为根本没有明天这回事。今天决定你明天会成为一个什么样的你。

下面这些积极、有力的语言能曾帮助你消除恐惧,增加自信和勇气:

(1)告诉自己"我能行"。把这句话写在你卧室的镜子上,每天大声喊上几遍,让它们沁入你的心灵。

(2)大声告诉别人:"我是一个优秀的销售员。"切忌在客户面前低三下四,有失尊严。推销员最大的忌讳就是在客户面前过于谦卑,还未进入谈判就先矮人三分,抱有这种心态只能是一事无成。

(3)和乔一样,自信、果断地告诉你的客户:"进来吧!我一定会让你买我的产品。因为每一分一秒的时间都是我的花费,我不会让你走的。"要用你的情绪感染客户。

总之,你要坚定地相信自己,绝不容许任何东西动摇自己有朝一日必定会在销售事业上取得成功的信念,这是所有取得伟大成就的人士的基本品质,也是成为一名伟大推销员所必需的特质。

搞清楚是什么会让你产生恐惧

很多销售员,尤其是新手,因为害怕,在销售中总是出现恐惧心理,导致出现了以下几种状况:当你面对客户准备介绍产品时,勇气就不翼而飞,大脑一片空白,畏畏缩缩无法开口,即使开了口,你还是手心冒汗、声音发颤、语无伦次,中断好几次自然是少不了的状况;或者当你拿起电话打给陌生客户时,不知道该说什么,即便说了也语无伦次、磕磕绊绊;陌生拜访时不敢敲客户的门,敲开了也神色紧张,不知所云……这些都是心理上的恐惧导致的。

在别人面前说话紧张的原因,就是你把自己的意识和注意力转移到了令你不安的对象身上,或者是你的潜意识中认为对方对你说陈述的内容不满,而令你产生了的犹豫或者恐惧心理。

乔·吉拉德是世界上最伟大的销售员,连续12年荣登世界吉斯尼纪录大全世界销售第一的宝座。他所保持的世界汽车销售纪录:连续12年平均每天销售6辆车,至今无人能破。

"小时候我的父亲总是给我灌输一种消极的思想——你永远不会有出息,你只能是个失败者,你一点也不优秀。这些思想令我害怕。而我的母亲却相反,她给我灌输的是一种积极的思想:对自己有信心,你绝对会成功的,只要你想成为什么,你就能做到。"

"从父母那里,我时时受到两种相反的力量,这两种力量一方面令我害怕,另一方面也让我产生信心。事实上,我们每个人的身上都会存在这种两面的力量——信心和害怕,只是或多或少的程度不同罢了。如果你要受人欢迎,那你必须具有绝对的信心,这一点非常重要。信心使人产生勇气。假使我们对自己都没有信心,世界上还有谁会对我们有信心呢?"

乔·吉拉德是自信的,这一点毋庸置疑,但任何一种心理状态的的存在都并不绝对,吉拉德的内心世界也有害怕,但他能认识到自己内心深处左右自己的两种力量——信心和害怕,当然,最终,他的信心战胜了害怕。

任何一个伟大销售人员的显著特征是,他们无不对自己充满极大的信心,他们无不相信自己的力量,他们无不对自己的未来充满信心,但这并不代表他们内心世界没有怯弱,只是他们善于找出令自己恐惧的原因,并战胜他们。这也是成功者与失败者之间最大的区别。

如果你要做一位勇敢的销售尖兵,你就必须搞清楚是什么令你产生恐惧,一般来说,销售中影响、摧残销售者自信心的有三大原因:

第一,害怕产品质量不过硬。现实销售中,一些销售人员在听到质疑自己的产品质量,或者对产品有某些不满时,就开始把推销失败的原因归结于产品质量的低下,而这样做是不对的。要知道,在竞争激烈的现代商业社会,产品也越来越同质化,同类产品在功能、质量、性能上有什么大的区别?没有!产品既然已经获得各方面的认证,就是合格产品,也是公司最好的产品,一定可以找到消费者或者是购买者。因此,在整个推销过程中,都不要对你推销的产品产生什么怀疑,相信你推销的产品是优秀产品之一,这样,我们的表达才会让客户深信不疑。

第二,认为自己矮人一截。从事销售工作,就免不了要与形形色色的人打交道,在这些客户中,也自然有那些财大气粗和位高权重者。这些客户通常较喜欢与才能出众者交手。他们不希望与毫无自信的销售人员打交道,因为他们也希望在别人面前自我表现一番。再者,他们怎么能够情愿从一个对自己的销售及商品都缺乏信心的人那里购买商品呢?因此,销售人员要与某些方面胜过自己的人打交道,并且要能够说服他们,赢得他们的信任和欣赏,就必须坚信自己的能力,然后信心百倍地敲开客户的门,从容不迫地与他们侃侃而谈。如果销售人员缺乏自信,害怕与客户打交道,那么最终会一事无成。

第三,怕客户烦。在激烈的销售世界中,重复推销是任何销售人员的必修课,但是它却又是销售员最害怕的时刻。因为销售员经常是非常热情地敲开客户家门的,却遭到客户的冷言冷语,甚至无理侮辱,这样自信就很容易消失。

重复推销的确可能让"客户烦",但若销售人员能找出"客户烦"的原因,便能有的放矢地加以解决。

如果你多次向客户推销,并将产品的优势完全展示给客户,客户还是持厌烦的态度,那主要原因是他感觉你的产品的卖点满足不了他的需求。

解决这一问题的方法就是:必须把销售的重点重新放到挖掘客户需求上,只要让客户认识到"我需要",才有可能改变客户对你的态度。

人都是有情绪的,客户也是如此。通常来说,人们在情绪不好的时候,会对陌生人的推销都持有排斥情绪。销售员第一次拜访客户的时候,如果在你还未开口前,客户就表现得很不耐烦,那么,很可能是因为客户心情不大好,此时,解决的方法就是:今天他心情不好或不方便,明天再来拜访。

第四,怕丢脸。可能很多销售人员包括其周围的人,对销售行业都存在一些误解,于是,这些销售员自身因为很在乎周围人的看法和眼光,便不能正视自己的工作、自己的产品。于是,在与客户接触的过程中,一来,他们放不下架子,把保住自己的脸面看得最大,导致客户不愿意和销售员深入的沟通;二来,一些销售员因为自卑心作祟,在与客户交谈时挺不起腰杆,也很难了解到客户的真实需求,所以销售成功率极低。

要解决这一难题,销售员必须知道,荣誉和脸面是自己给自己的,而不是给别人的,销售业绩就是你能力的最好证明。你更要记住的是,在一个陌生客户面前,你唯一需要做的就是对方接受你,接受你的产品,如果你做不到这点,那么,是没有任何荣誉可言的。

要有强烈的"我可以"的信念

我们都知道,积极的心态是成功销售的关键。因为这会首先影响你的情绪,并体现在你说话的语气、面部表情动作上,进而把你这种思想和情绪传染给你的客户。所以,作为一名合格的销售员,一定要相信自己可以做到,要有强烈的"我可以"的信念,并通过多种方式培养自身积极进取的心态。要知道,积极心态蕴涵无限潜能。

乔·吉拉德认为,两个单词非常重要:一个是"我想",另一个是"我能"。

一般的销售员会说,他看起来不像一个买东西的人。但是,有谁能告诉我们,买东西的人长得什么样?乔·吉拉德说,每次有人路过他的办公室,他内心都在吼叫:"进来吧!我一定会让你买我的车。因为每一分一秒的时间都是我的花费,我不会让你走的。"

他说,你认为自己行就一定行,每天要不断向自己重复。要勇于尝试,之后你会发现你所能够做到的连自己都感到惊异。

35岁以前,乔·吉拉德经历过许多失败。记得那次惨重失败以后,朋友都弃他而去。但吉拉德说:没关系,笑到最后才算笑得最好。

他说:"所有人都应该相信,乔·吉拉德能做到的,你们也能做到,我并不比你们好多少。而我之所以做到,便是投入专注与热情。"

有人说,作为一名销售员,他有两大敌人:看得见的敌人和看不见的敌人,很明显,看得见的敌人就是竞争对手,而看不见的敌人则是我们销售员自己。从事销售行业,免不了要遭到客户的拒绝,甚至是不断反复的拒绝,如果没有顽强的斗志和必胜的信念,免不了会丧失信心,产生逃避思想,这就是心中看不见的敌人之一。要想战胜这种看不见的敌人,就一定要有自信,要经常鼓励自己。

销售员只有做到自信,才能让他人相信你,要知道,没有人愿意与一个畏首畏尾的人交谈。举个很简单的例子,销售人员经常需要客户谈判,如果你没有自信,那么,你只会怯场,很可能就会思维混乱,甚至语无伦次、漏洞百出。这样的一个人只会让对方轻视,不会愿意与你做过多的交谈。可见,自信是人与人之间积极交流与沟通的重要因素。作为一名销售员,不仅要具备出色的口才,还必须散发出由内而外的自信。

必胜的信念让吉拉德成功了,同样,任何一个普通的销售员,应该也有吉拉德的这种精神,当然,做到以上这些并不容易,这需要销售员自己调整好自己在销售前的心态:

1. 做好准备工作,减轻心理负担

有些销售员在销售过程中,表现消极,主要还是无法轻松地与客户交流,而这还主要是因为销售员的准备工作不够充分,害怕应付不过来。因此,销售员若能在销售活动进行前,做足准备,是能从一定程度上减轻心理负担的。

2. 多做心理暗示,鼓励自己

事实上,心理状态的良好与否,主要还在销售员自己。在销售过程中,销售员不要让自己的心情被客户的表现所左右,无论客户的情绪怎样,始终保持良好的销售礼仪和销售态度,在内心多做自我鼓励,相信自己能做好,你这种良好的素质,无形中为产品加了分。

3. 未雨绸缪,分析客户

销售员最怕遇到的是阴晴不定的客户,这会儿聊得很好,一会儿又暴跳如雷,根本不给销售员说话的机会,也有一些客户,无论销售员说什么,都不买销售员的账。实际上,这都是因为销售员在沟通前的前期工作没做好。人与人是有差异的,在性格、爱好、购买习惯都能体现出不同,销售员只有在销售活动进行前,做好客户的分析工作,然后列出一些应对策略,无论客户怎样变脸,也能轻松应付,销售员自己也不会手忙脚乱。

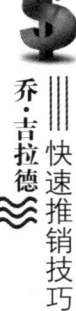

4.愈挫愈勇,重燃自己的工作热情

销售工作就最考验的是人的耐性,因为每个销售员都要面对客户的打击、销售业绩的考核,时间一长,很多销售员都会失去当初的热情。正因为如此,有一些销售员选择了放弃。也有一些销售员,服务态度差,对客户失去耐性,即使产品再好,也无人问津。而那些能坚持,对客户不失热忱和诚意的销售员,便走出了自己的销售瓶颈,深得客户的赞赏。

因此,无论客户如何拒绝了你,都要保持积极的态度,与客户保持友好的关系,让客户看到你的好形象、高素质的。这不仅对客户改变先前的看法有一定的帮助,而且也有利于销售员维护自我形象。

总之,作为销售员,我们一定要和乔·吉拉德一样,要有强烈的"我可以"的信念,要保持高度的工作热情,这样才能在工作中所向无敌、勇攀高峰!

找到销售中建立自信心的方法

自信是什么?自信是对自我能力的一种肯定,有自信的人深信自己一定能做成某件事,实现所追求的目标。这是一种积极的心态,是获取销售成功的最重要的精神力量。而在销售活动中,很多刚进入销售行业的新人以及性格内向的销售员们,在推销产品、与客户打交道的过程中,出于各种各样的心理恐惧,总是缺乏自信,甚至不敢和客户沟通,不敢正视客户的眼睛等。在一次次的面对客户的拒绝后开始怀疑自己的能力,看到那些销售能手们的业绩是自己的几倍,觉得自己跟别人的差距很大,好像永远也比不上同事,慢慢变得自卑。要知道,没有一个客户愿意与一个畏首畏尾、对自己、对产品没有信心的销售员合作。为此,如果你是一个没有自信的销售员,那么,从现在起,你就必须把建立自信作为你工作中的首要目标。

我们先来看看伟大的汽车推销员乔·吉拉德是怎么建立自信的？

吉拉德曾经遭遇过人生的一次低谷，欠债达6万美元之多，连最起码的温饱都成了问题。

"一种恐惧主宰着我，为了逃避银行的人和债主，我把车子停在离家几个街区以外，然后，步行至住处的房后，从墙上的一个窗口偷偷爬进去，终日鬼鬼祟祟！真的。"

那时的乔·吉拉德就是这个样子！

"我还跟孩子玩不诚实的游戏，我实在怕得要命，害怕法院送达员想出一个进入我家的法子，然后把传票交给我。我告诉小乔和格雷丝，我们和隔壁、对面的邻居正在玩比赛——一个不开门的游戏，我告诉他们谁先打开门谁就输了。当然，这些战术并没有奏效，我很快失去了房子、车子，随着它们一起失去的还有我的自尊。"

"白天来临时，妻子告诉我一点可吃的食物也没有了。忽然间，我觉得填饱肚子成了我全部的心愿，但当时我几乎一点信心也没有。我跪下去祈求上帝还我信心"。

"每当我极度沮丧时，妻子朱丽姬就搂住我说：'吉拉德，我们结婚时空无一物，不久就拥有了一切。现在我们又一无所有，那时我对你有信心，现在还是一样，我深信你会再成功的。"

"多么伟大的妻子！但让我悲痛欲绝的是她因病早逝（1979年年初就去世了），在她短暂的生命中从未抱怨过，也从未对我失去信心。在那一刹那，我了解了一个重要的真理：建立自己信心的最佳途径之一，就是从别人那儿接受过来。"

这里，我们可以发现，吉拉德总结出，"建立自己信心的最佳途径之一，就是从别人那儿接受过来"。他的自信正是来自于他的妻子。他告诉所有的销售员，结交乐观自信的人——这样的人能带给你积极向上的奋斗动力，无论任何时候你都不要畏惧失败。

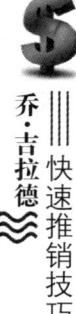

作为销售员,如果你要受人欢迎,那你必须具有绝对的信心,这一点非常重要。信心使人产生勇气。假使我们对自己都没有信心,世界上还有谁会对我们有信心呢?当然,自信不是孤芳自赏,也不是得意忘形,而是一种激励自己奋发向上的一种心理素质,更是一种以积极的心态面对销售难题的乐观情绪。

自信对于任何一个销售员的重要性不言而喻。那么,销售中,有哪些建立自信的方法呢?

1. 自信来自于分析、了解、知己知彼

(1)销售行业内部,不同的公司,不同的产品,有着不同的市场前景,需要不同的专业知识,因此,销售员可以根据自己的专业、喜好,选择自己喜欢的行业及和自己能力匹配的行业。

(2)不仅要了解你的同事的能力、学习他们的销售经验等,还要知晓竞争对手的优势。

(3)看到自己的产品优势,了解其卖点与不足。

(4)了解客户的真实的需求及愿意付出的成本。

2. 做足准备

(1)在开发新市场之前,你需要对你所开发的市场做好调查和了解,并对你所销售的产品的的价格、销售渠道等做好明确的定位,并拟好相应的开发策略。

(2)拜访客户之前,你不妨审视以下自己的穿着打扮是否得体,干净、利落的外在形象会让你信心倍增。

(3)提前预约你的客户,并准备好产品样品、说明书、报价表等。

(4)与客户交谈,要仔细观察对方,了解其关注点、需求,分析客户类型,为自己下一步推销奠定基础。

如果你什么都没准备好,面对客户怎么可能会有自信呢?难道就凭着——"谎话说过千遍就是真理"的自欺其人的忽悠就能让客户埋单吗?

3. 喜欢自己、相信公司、相信你的产品

(1)相信你所在公司的实力,相信通过集体的努力,你所销售的产品一定能在市场上占有一席之地。

(2)客观地评价自己的能力。的确,你可能存在一些不足,包括你还很欠缺一些销售经验,但通过不断的努力和学习一定会是最棒的。

(3)站在客户的角度换位思考,了解客户的真实需求,在提供比竞争对手更能满足客户需求的产品或服务的同时也获取应得的利润,双方各取所需。

4. 真正的自信源自于销售实践

(1)自信源于丰富的专业知识、熟练的销售技巧及不断的学习提高,要与时俱进。

(2)自信者最直接的表现就是做事不人云亦云,有自己主见,并坚持自己认为对的事情。

(3)良好的业绩才是自信的源泉。

(4)自信是一种坚持,从事销售工作,要有一种精神,那就是不到成交,绝不轻言放弃。

(5)自信不是自以为是。你始终要记住,客户始终是上帝,要始终对客户尊敬有加,而不是自以为是,认为你独占某一产品资源就对客户颐指气使或者把客户当成待宰的鸡。

总之,当你总是在问自己:我能成功吗?这时成功对于你来说只是"水中月,镜中花"。当你满怀信心对自己说:我一定成功!这时收获的日子离你就很近了。

第②章

推销自己,顾客从认识你开始了解产品

"给你个选择:你可以留着这张名片,也可以扔掉它。如果留下,你知道我是干什么的、卖什么的,细节全部掌握。"

——乔·吉拉德

在全世界,人们都问乔·吉拉德同样一个问题:你是怎样卖出东西的?生意的机会遍布每一个细节。多年前他就养成一个习惯:只要碰到人,左手马上就会到口袋里去拿名片,不管是在街上还是在商店,他认为生意的机会遍布于每一个细节。乔·吉拉德告诉所有销售员:要想推销产品,应该先推销自己,因为客户从认识你开始了解产品。

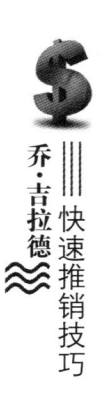

让自己成为销售中的一种品牌

在销售界,有这样一句话:与其说是推销产品,还不如说是说推销自己。因为客户多半会与那些自己信任、喜欢的销售员合作。而我们也会发现,那些顶级的销售员,多半也都有自己固定的客户群体,相对于产品来说,这些销售员本身就是销售中的一种品牌。

世界顶级推销员乔·吉拉德做汽车推销员时,许多人排长队也要见到他,买他的车。吉尼斯世界纪录大全查实他的销售纪录时说:最好别让我们发现你的车是卖给出租汽车公司,而确实是一辆一辆卖出去的。他们试着随便打电话给人,问他们是谁把车卖给他们,几乎所有人的答案都是"乔"。令人惊异的是,他们脱口而出,就像乔是他们相熟的好友。

尽管乔·吉拉德一再强调"没有秘密",但他还是把他卖车的诀窍抖了出来。他每月要发出1.6万张卡片,并且,无论是否买他的车,只要有过接触,他都会让人们知道他是乔·吉拉德,并记得他。他认为这些卡片与垃圾邮件不同,它们充满爱,而他自己每天都在发出爱的信息。他创造了一套客户服务系统,被世界500强公司中的许多公司采用。

经过专门的审计公司审计,确定乔·吉拉德是一辆一辆把车卖出去的。他们对结果很满意,正式确认他为全世界最伟大的推销员。这是件值得骄傲的事,因为他是靠实实在在的业绩获得这一荣誉的。

同时,乔·吉拉德也是全球最受欢迎的演讲大师,曾为世界500强企业精英传授他的宝贵经验。世界各地数以百万的人被他的演讲所感动,被他的事迹所激励。

在销售界,可以说,乔·吉拉德本身就是一种品牌,乔·吉拉德认为,所有人都应该相信,我能做到的,你们也能做到,我并不比你们好多少。那为什么乔·吉拉德能做到,其他人却做不到呢?这是因为他投入了专注与热情。他说,太多选择会分散精力。而这正是失败的原因。

因此,任何一个销售员,只要和乔·吉拉德一样,致力于销售工作并努力把它做好,那么,你也可以成为销售中的一种品牌。

吉拉德认为,要想做好一份工作,就不能三心二意,最好在一个职业上一直做下去。因为所有的工作都会有问题,但是,如果跳槽,情况会变得更糟。他特别强调,一次只做一件事。以种树为例,把树种下去、精心呵护,等树慢慢长大,并最终给你回报。你在那里待得越久,树就会越大,回报也就相应越多。

那么,除了具备这种热情之外,销售员们还应该具备怎样的品质和精神,才能让自己成为销售中的一种品牌呢?

1. 强烈的自信心

的确,销售员卖的是产品,但首先要推销的却是自己,让客户接受了你,你的推销工作就成功了一半。试想,如果一个销售员,连自己都不相信自己能成功,又怎么能成功让客户接受你的产品呢?

然而,销售员的自信从何处来呢?自信来自于充分的准备工作,只有熟识自己的行业,熟悉自己的产品、公司,才能做到有备无患。

2. 勇敢

任何人都害怕失败,销售员最怕的是被客户拒绝,但如果你因为害怕失败而不敢走出第一步,那么,你就永远失败了。其实,即使暂时被拒绝,依然有转圜的余地,没有永远的拒绝,只是客户暂时还没有接受。

3. 对成功的强烈渴望

这是一种企图心,没有强烈的企图心,就不会有足够的决心。

4. 对产品的知识

这些知识包括:自己的产品、竞争对手的产品、行业的标准、市场前景和分布、价格等。知己知彼,才能百战不殆。

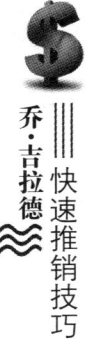

5. 注重个人成长

学习其他有经验的销售人员的经验和销售知识,能缩短自己犯错的时间、少走弯路,使得自己尽快成长。

6. 高度的热诚和服务心

21世纪是一个营销的时代,营销最重要的一个服务内容就是服务营销。成功的销售员不是为了完成一次交易而接近客户,而是要和客户建立长期的销售服务关系。不能做投机取巧、急功近利,甚至不惜杀鸡取卵、自断后路的行为。

7. 要有刻苦耐劳的精神

拜访客户要勤,而且还要讲究效率。可以从100个客户当中挑选出10个重点攻克,从中找出我们需要的客户群体。

8. 调整自己的心态:积极,乐观,向上

(1)光有信心还不够,销售员还必须有抗打击和抗挫折的能力,要有"99%的拒绝才能换来1%的接受"的心理准备,只有这样,才会在受挫折时,重燃希望之火。

(2)不卑不亢。推销不是乞讨,客户在很多时候是需要我们帮助的。

(3)自信与自尊。"推销是从被拒绝开始的",正是有了"拒绝",才有了业务员存在的必要。一见到业务员就笑逐颜开,张开双臂欢迎你的人很少,甚至让人觉得不正常。

(4)原则与信条。"客户永远都是对的",要了解尊重客户的要求,但不是要满足他的所有要求。实际上也无法满足他的所有要求。

9. 非凡的亲和力

无法想象,一个没有一丝笑容的销售员如何成功推销出去产品。当然,亲和力还包括你的微笑、人格魅力、信心、热情等,这些都能帮助你打动客户。

10. 明确的目标和计划

没有目标和计划的销售是很难成功的,因此,在推销之前你需要为自己制订一个详细的销售计划和目标,并根据新情况的出现不段调整目标,并严格地按计划办事。

总之,作为销售员,一定要对有自信,对工作和生活要永远充满激情。同时我们的意志要顽强,也就是要有抗高压的精神,加上不断的学习和积极向上的心态,工作中用心做事,勇于承担责任。能做到这些,假以时日,在不久的将来,你必定能够迈入营销高手的行列,从而触摸到成功光芒。

把自己推销出去也是一门销售课

销售人员要想推销产品,首先要推销自己,只有把自己推销出去,才能更好地推销产品。因为没有人会愿意与自己不喜欢的销售员合作。我们先来看看世界顶级销售员乔·吉拉德的一次经历:

三十五岁以前的乔·吉拉德一事无成,还身负重债。后来,有朋友介绍他去一家经销汽车的公司,推销经理哈雷先生起初很不乐意。

"你曾经推销过汽车吗?"他问道。

"没有。"

"为什么你觉得自己能够胜任?"

"我推销过其他东西——报纸、鞋油、房屋、食品,但人们真正买的是我,我推销自己,哈雷先生。"

乔·吉拉德已经重建了足够的信心,他并不在意自己已经35岁,也不在乎人们所认为的推销是年轻人干的这个观念。

哈雷笑笑说:"现在正是严冬,是销售淡季,假如我雇用你,我会受到其他推销员的责难,再说也没有足够的暖气房间给你用。"

生存的威胁已经使乔·吉拉德变得更加坚强。"哈雷先生,假如你不雇用我,你将犯下一生最大的错误。我不要暖气房间,我只要一张桌子、一部

电话,两个月内将打败你最佳推销员的纪录。"乔信心十足,但实际上他并没有把握。

哈雷先生终于在楼上的角落给他安排了一张满是灰尘的桌子和一部电话。就这样,他开始了自己新的事业。

乔·吉拉德就这样把自己推销了出去,而事实上,哈雷先生的抉择是明智的。谁能想象得到,像这样一个谁都不看好,而且是背了一身债务、几乎走投无路的人,竟然能够在短短三年内爬上销售届的世界第一的位置,并被吉尼斯世界纪录称为世界上最伟大的推销员呢?

自此,在乔·吉拉德的推销生涯中,他从不忘时时推销自己。在全世界,人们都问乔·吉拉德同样一个问题:你是怎样卖出东西的?生意的机会遍布每一个细节。对此,吉拉德的回答是:"给你个选择:你可以留着这张名片,也可以扔掉它。如果留下,你知道我是干什么的、卖什么的,细节全部掌握。"乔·吉拉德认为,推销的要点是:不是推销产品,而是推销自己。因此,很多年前,他就有一个生活习惯,无论在商店还是大街上,只要碰到人,无论是熟悉的还是陌生的,他的左手就会拿出名片递给对方。

可能很多人认为,递给陌生人名片是一件很愚蠢的事,对此,乔·吉拉德告诉我们,正是那些愚蠢、到处给人递名片的人,才是成功的人。他们之所以会留下他们的名片,是为了让人们认识他们,看看他们是做什么的。当人们的周围有他们的"味道"之后,就会纷纷来到他的办公室。他去餐厅吃饭,他给的小费每次都比别人多一点点,此时,他们依然不忘主动放上两张名片,人们对于这个给很多小费的人会产生好奇心,人家肯定要看看这个人是做什么的,分享他成功的喜悦。人们在谈论他、想认识他,根据名片来买他的东西。经年累月,他的成就正是来源于此。他甚至不放过看体育比赛的机会来推广自己。他的绝妙之处在于,在人们欢呼的时候把名片雪片般撒出去。于是大家欢呼:那就是乔·吉拉德,此时,那个明星已经处于次要地位了。

"许多年前,我看到别人在漫天发名片时,我发现这是个非常不错的主意。我通过名片与你产生接触,砰,我递上了名片给你多了一种选择。走开后,我心里想,乔·吉拉德,她拿到了你的名片,或者留下,或者扔掉,谁知道。或许她需要,或许她听别人说我是个推销员。我通过递名片,与你接触。递名片的行为就像是农民在播种,播完种后,农民将收获他所付出的。我过去常常提着1万多张名片去看棒球赛或足球赛。每次有精彩镜头时,我一边欢呼一边撒名片。我在推销自己,我没有将自己藏起来。嗨,艾迪,给我一张名片,我给你一张我的。'哦、嗯、我觉得很傻,给名片让我感到很尴尬。'艾迪说。我说:'艾迪,醒醒吧。如果不告诉人们你是谁,你做什么,你卖什么东西,人们如何来找你?醒醒吧,艾迪。'于是她的人生转折了,因为我教她怎么做了'"

为什么会有这么多人知道乔·吉拉德?原因很简单,乔·吉拉德比任何一个销售员都善于推销自己。所到之处,就会到处向人们递送名片。在餐馆就餐付账时,他会把一盒名片交给服务员,并给服务员丰厚的小费,让他替自己散发名片;在演讲时,他会把名片大把大把地抛向空中,让名片像雪花一样漫天飞舞。你可能对这种做法感到奇怪。但就是这些小小的纸片,让人们认识了乔·吉拉德,帮他售出了一辆辆汽车。

从这里,作为销售员,我们也应该有所启发——通过名片推销自己。现代社会,名片是建立企业诚信,提高品牌知名度,建立销售渠道最实惠的工具。因为它花钱少,而且直观,保存时间又长,因此在销售中有着不可替代的作用。正因为如此,我们要重视通过名片来推销自己:

(1)在拜访客户时,一定带高档的名片,比较适合收藏。这样的情况,因为有时间相互了解,有可能成为朋友,名片侧重自己的名字。做了朋友就能做生意。

(2)在派发名片时,一定要双手递出看着对方的眼睛表示尊重。在接对方的名片时,一定要看看对方的名片,然后再装进上衣口袋。

(3)一定不要忘记把对方的名片装好,当着对方的面随便丢弃对方的名片是非常不礼貌的。会影响生意的达成,给对方一种无教养的感觉。

如果我们懂得正确、恰到好处地使用名片,是能起到很好的推销自己的作用的!

掌握几种接近客户的技巧

生活中,可能很多人都知道,追女孩子得用点心思,要让女孩子感受到一点不同的感觉,她才愿意同你交往。而接近客户又何尝不是这样子呢?有人说:"销售就像谈恋爱。"的确,接近客户也只有与众不同的方法,才能够获得成功。

的确,销售员每天都要与不同的客户打交道,只有把与客户的关系处理好了,才有机会向客户推介你的产品,客户才有可能接受你的产品。因此,作为业务新手,首先要做的并不是急于推销产品,而是怎么做人,不断培养自己的情商,拉近与客户的距离。

只有想办法接近客户,才能够想办法和客户达成交易。但是接近客户是很有技巧的。有些推销员总是用千篇一律的方式作为接近客户的敲门砖:"很抱歉,打扰你一下,我是某某公司的某某某……"大家想一下,客户一天要听多少类似的介绍呀,早就烦透了,哪里有能够成功呢?我们来看看世界顶级销售员乔·吉拉德在接近客户上的经验:

乔·吉拉德说,有人拿着100美金的东西,却连10美金都卖不掉,为什么?你看看他的表情?要推销出去自己,面部表情很重要:它可以拒人千里,也可以使陌生人立即成为朋友。

笑可以增加你的面值。乔·吉拉德这样解释他富有感染力并为他带来财富的笑容:皱眉需要9块肌肉,而微笑,不仅用嘴、用眼睛,还要用手臂、用整个身体。

"当你笑时,整个世界都在笑。一脸苦相没有人愿意理睬你。"他说,从今天起,直到你生命最后一刻,用心笑吧。

"世界上有60亿人口,如果我们都找到两大武器:倾听和微笑,人与人就会更加接近。"

从乔·吉拉德的叙述中,我们发现,他是个喜欢微笑的人,是微笑让对方对其产生好感,并信任他,从而愿意与之继续交往。

作为销售员,我们不得不承认一个事实:销售是一个被很多人误解的工作,也因一些不良销售人员做坏了名声,致使一般人对销售人员,抱有拒绝的心态,这就使得销售人员接近客户就产生了难度。那么,怎样接近客户?

如果我们要和吉拉德一样,取得客户的信任,可以从以下几个技巧入手:

1. 他人引荐法

一般来说,对于陌生的推销员,人们是心存戒心的,因此,人们多半会毫不犹豫地拒绝,这也是很多推销员头疼的问题。而人们对于身边的朋友、邻居、同事则是信任的,因此,如果我们能利用中间这层关系,则能帮助我们节省很多精力。据调查,通过他人的帮助接近客户的方法是非常有效的方法,成功率高达60%以上。

他人引荐法分为两种,他人亲自引荐和他人间接引荐。他人间接引荐的方式很多,可通过电话、名片、信件等方式。

但销售人员在使用"他人引荐法"时,应该需要注意谦虚,一定不要摆高姿态,否则会让对方心生反感。即使你与介绍人之间关系密切,而介绍人又是有一定身份地位的人,也不可炫耀,而应该心平气和地向对方介绍你们之间的关系。

2. 求教法

通常来说,人们都是好为人师的,这是人性的一大弱点,对于他人的求教,也一般都愿意给予帮助。销售员可以通过请客户帮忙解答疑难问题,或者直接向客户提问接近客户,这样,客户便有一种老师的感觉,自然对你产生好感。

比如,你可以这样请教客户:"王总,很多人说您是机电产品方面的专家与权威,最近我公司研制出 A 产品,我们老板今天给我下了死命令,非要我过来询问一下您的意见,可以吗?"

但销售员需要注意的是,你提问的问题,一定要在对方熟悉的范畴,否则,对方回答不上来、自尊心受损、失了面子,自然不愿意与你继续交谈。

3. 事件法

接近客户,必须有理由,而事件就可以被当成一种契机。这些事件可以是销售员自己,也可以是企业的、社会的、国家的,等等。

举个很简单的例子,如果销售员通过了解发现,客户是某学校 2003 年毕业的,他们正在筹划同学会,此时,就可以以同学会为理由接近客户。

4. 服务法

顾名思义,就是销售员通过为客户提供有价值并符合客户需求的某项服务来接近客户。具体的方法包括:维修服务、咨询服务、免费试用服务、信息服务等。

但销售员依然需要注意一点,你所提供的服务必须是客户所需求的,并与所销售的商品有关。

5. 社交接近法

每个客户都有一定的社交圈,为此,我们不妨先走进客户的社交圈。如客户是个旅游爱好者,参加了某个旅游组织,作为销售员的你也可以加入该组织,以此接近客户;再比如,你发现在你经常参加的社交圈子中有可开拓的生意资源,你也可以多加利用。

但社交生活中接近客户,此时的交谈,一定不要过于心急,不要开门见山地推销产品,而是尽量先与客户形成和谐有缘的人际关系。在车站、在商场、在农贸市场、在飞机上、在学校等公共场合,都是接近客户的好机会。

总之,接近客户是与客户交流的第一步,是从"未知的遭遇"开始的。任何人碰到从未谋过面的第三者,内心深处总是会有一些警戒。因此,只有迅速地打开客户的"心扉",才能够取得成功,这就需要销售人员在接近客户时多下工夫。很多销售员苦于没有办法接近客户,主要是因为他们多半在客户很忙的时候去拜访客户,而且方法非常单一。如果销售员能综合运用以上几种方法,找准接近客户的时机,那么,接近客户的成功性也大大增加。

要做到对自己的产品了如指掌

对于销售人员来说,要想把自己连同产品都推销出去,仅仅博得客户的好感是不够的,更重要的是赢得客户的信任,使其最终购买你的商品才是最终目的所在。因此,有关商品的专业知识是销售人员必须掌握的。销售人员只有做到对产品了如指掌,才能对客户提出的问题对答如流,并熟练地向客户展示产品。同时,只有具备了专业的丰富的产品知识,才能信心十足,才能产生足够的热情,成为销售专家。实际上,许多顶尖销售人员最引以为傲的,不是自己的销售业绩,而是他们在其产品或服务方面的渊博知识无人能及。这样就是为什么人们常说:"销售95%靠的是热情,那剩下的5%靠的就是产品知识。"

世界顶级推销大师有个习惯:每天,他在出门前,总是先查阅资料,并参考相关信息,充实自己,力求让自己的知识更丰富一些,以应付顾客提出的各式各样的难题。因为在吉拉德看来,客户都希望与自己打交道的销售员能是该行业的专业人士,能为自己提供全套的知识与信息,好让自己完全了解产品的特征与效用。倘若销售人员一问三不知,就很难在客户中建立信任感。

因此,吉拉德告诉所有销售员:一定要熟知你所销售的产品的知识,才能对你自己的销售工作产生真切的工作热忱。能用一大堆事实证明做后盾,是一名销售人员成功的信号。同时,吉拉德建议销售员们要做产品最忠诚的拥护者,这样才能激发高度的销售热情,因为如果你用过产品并满意的话,自然会有高度的销售热情,不相信自己的产品而销售的人,只会给人一种隔靴搔痒的感觉,想打动客户的心就很难了。

再以拥有百年历史的雅芳公司为例,这个业务遍布五大洲20多个国家和地区,营销代表逾200万人,年销售额达几十亿美元的公司,对旗下的销售人员有一条不成文的规定,即每个推销"雅芳"产品的人都必须是"雅芳"产品100%的用户。

试想一下,如果你去买东西,而售货员对你提出的有关商品的问题总是支支吾吾回答不上来,或者答非所问,你还会选择购买吗?答案肯定是"不"。

对产品知识的熟知,对于销售员来说,能起到以下作用:

(1)增加勇气。我们都知道,如果对产品一知半解,那么,在回答客户问题的时候,往往会底气不足,而对产品越了解、专业能力越强,自然能在与客户交涉的过程中信心十足。

(2)使销售员显得更专业。可口可乐公司曾询问过几个较大的客户,请他们列出优秀销售人员最杰出的素质。得到的最多回答是:"具有完备的产品知识。"

与销售员打交道的客户,有些是某些领域的专业人士,比如,会计、工程师等,产品知识会使你在与这些客户对谈的时候能更有信心。同时,对产品越了解,在与客户交谈的时候,就越能道出产品能给客户带来什么好处与利益,也就越能打动客户。

(3)提高销售员的竞争力。现代社会,无论哪个行业,过硬的专业知识都是提高竞争力的唯一方法。

那么,作为一名销售员,该怎样才能对产品了如指掌、成为一名产品专家呢?

(1)充实自己的业务知识。这里的业务知识包括:操作流程的学习,运价知识的掌握,港口及国家的了解。

(2)对公司业务的了解。了解公司的优势、劣势,了解公司在市场的地位及运作状况。

(3)对产品知识的了解。

①产品的名称。有时候,产品的基本特征甚至特殊性能、特殊含义等都会包含在产品的名称里,销售员必须加以了解。

②产品的技术含量。一个产品的技术含量的多少,销售人员应该心知肚明。在销售时,要扬长避短,引导消费者认识产品。

③产品的物理特性。任何一个产品,都有型号、规格、颜色、大小、尺寸等,这些销售员必须熟悉。

④产品的效用。因为消费者之所以选择购买某种产品,正是因为该产品能够给消费者带去他所需要的效用。因此,销售人员应该知道产品能够为客户带来什么样的利益,这是应该重点研究的地方。

(4)要有扎实的市场营销知识。业务人员不仅仅是要做好自己的业务,而且要站到一定的高度去考虑市场的运作。只有这样,销售的速度才会快、成本才会低,这也为自己将来升为业务经理打下坚实的基础。

总之,销售人员若想成功说服客户,使客户购买产品,那么,你就必须对你的产品了如指掌。也只有真正了解了产品,才会对顾客所提出的与产品紧密相关的问题心中有数,应对自如!

用魅力谈吐成就好的开始

推销,是现代商业活动中的一部分,它是整个市场赖以运作的相当重要的环节。随着销售行业的日趋完善,人们对销售人员的综合素质也越来越看重,因为从某种程度上看,销售人员本身就代表了他所销售的产品以及所在公司信誉等。任何人都愿意与那些谈吐优雅的销售人员打交道,而不愿意从那些语言粗俗、不顾形象的销售人员手中购买产品。因此,销售人员应

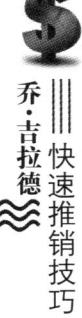

该用魅力谈吐成就良好销售的开始。

乔·吉拉德说:有两种力量非常伟大,一是倾听,二是微笑。

"倾听,你倾听得越长久,对方就会越接近你。我观察,有些推销员喋喋不休。上帝为何给我们两个耳朵一张嘴?我想,意思就是让我们多听少说!"

"我有一个特点,就是我了解人,我甚至知道你现在想什么。当你走进来时,我观察你的眼睛、你的嘴唇,与你握手时,我感受到你的感觉,你的身体在和我对话。我还会更加注视你的嘴唇,它是告诉我信息的器官。"

乔·吉拉德的魅力谈吐体现在哪里?一是倾听,二是微笑。他谙于倾听的艺术,一个只顾倾诉而不懂得倾听的销售员是不会获得客户的好感的。因为任何人都有倾诉的欲望,客户也不例外,懂得倾听更能表现出你与众不同的谈吐魅力。

销售员业绩靠的就是口才,一个优秀的销售员本身就是一名出色的演说家。那么,除了倾听之外,销售员在与客户沟通的过程中,还应该怎样表现出自己的魅力谈吐呢?

(1)声音洪亮,但声音不可过大,要大小适中。要有不卑不亢的语调,用你的自信感染别人。

(2)销售员要吐字清晰、抑扬顿挫,这样,才会带动客户的情绪,否则,客户只会不得要领。另外,在日常生活和工作中使用标准的普通话。要注意停顿,一句话不能说得太长,也不能说得太短。适当地停顿,不仅可以调整自己的思维,而且可以引起对方的注意。在停顿的间隙,你可以观察对方的反应。

(3)要以尊重为前提。礼者敬人也,在和客户交谈时一定要眼里有事,心里有人,懂得尊重对方。

总之,销售员在说话的时候,要简洁、明快、顺畅自然、不愠不火,处处表现自己的自信、魅力、大方,这样才能够恰到好处地把自己的观点表达给对方,才会激起对方的兴趣。

第 3 章

目标明确,销售一定要缜密规划

"一个重要的秘诀是专注,把你的精力集中在最重要的事情上,要全力以赴,直到你获得成功。你要想成为我这样的人,你必须把你的精力投入到你的目标当中。"

——乔·吉拉德

任何一次销售活动,都需要推销人员做好售前规划活动,如果我们对自己的销售目标不明确、对客户需求一无所知,那么,结果只要一个,那就是失败!实际上,一位优秀的推销员,也是一位优秀的谋略家,在敲开客户的门之前,他们会通过追踪、调查,摸清客户的一切资料,了解客户的类型与购买需求,并将在与客户沟通过程中出现的的问题一一列出。充分、缜密的规划工作让我们最终在销售中如鱼得水,手到擒来。

要干得聪明而不仅是勤劳

任何一个销售员都知道,要做好销售工作,就要勤奋,"一分耕耘,一分收获",只有勤学、勤练,推销工作才能顺利展开,这也是推销大师乔·吉拉德给我们的建议。但他同时也告诉所有的推销员,要想成为一名优秀的推销员,除了要勤奋,还必须用脑,只有目标明确,规划缜密,才能在销售中有的放矢,不至于像一只无头苍蝇一样无处下手。

的确,和吉拉德一样,任何一个优秀的推销员都有绝对的目标导向,他们有着非常明确的目标,他们非常详细地规划他们的行动,他们会把目标做成详细的计划。没有目标就如同一只无头苍蝇一样找不到努力的方向,所以你必须知道你明确的目标。你必须把目标牢记在自己心中,常常不断地告诉自己你的目标是什么。我们先来看看下面这一场景:

小林是一名保险推销员,这一个月是他和公司同事事业的"冷淡期"。为此,部门经理决定要进行一次"整顿",便把所有的推销员召集在一起开会。

"我知道各位很辛苦,但业绩才是硬道理,大家能总结一下业绩上不去的原因吗?"经理提问道。

"没有客源,开发新客户并不是一件容易的事。"小林带头回答。

"是啊,有时候,客户明明答应给我们洽淡的机会,但很快就变卦了。"有位同事补充道。

"还有啊,在开发客户的过程中,我发现,不管我们怎么努力,似乎总有令客户不满意的地方。"

……

大家发表完自己的意见之后,经理好像明白了问题的所在,于是,他提问:"我每个月让你们做的客户开发规划表,你们不是每次也做了吗?可见大家平时只是把这份客户开发规划当成一个任务。实际上,它对于我们的开发客户工作是非常有帮助的,而且,这份规划拟定得越详细,在现实的开发工作中,遇到的问题就会越少。我们为什么回答不上客户提出的各种问题,就因为我们没有做准备呀……"

经理说的话很有道理,大家这才认识到原来问题可能出现在了"备战"上。

这则案例同样也告诉每一个销售人员,无论是开发新市场,还是与客户面对面地打交道,都一定要做好规划。在销售前,一定要做足准备工作,拟定一份销售规划表,使之成为我们工作的指导。兵法云"谋定而后动",凡事预则立,不预则废,销售过程中的每个细节,都需要销售人员有明确的思路和战术细节。

我们都知道,人的行动是受中枢神经控制的,因此,一旦我们在大脑中定下了某个明确的目标,而且让你的潜意识明确接受了你的目标,那么你的潜意识就会做出反应,让你趋向于这个目标,去帮助你达成这个目标。

因此,聪明的销售员不仅勤奋,更懂得在销售中明确自己的目标,并让自己的潜意识帮助自己达成这一目标。不要忽视你的潜意识,它能帮助你做任何事情,因为它,你的注意力会放在如何寻找潜在客户,你会懂得如何提高销售技巧……这是每个人都有的潜在功能。

那么,作为销售员该如何制订目标呢?

1. 你的目标应建立在对现有状况的评估上

任何目标与规划只有建立在现实的基础上,实现起来才更有针对性。因此,定位是第一步,你不妨花点时间对你的现状进行一番评估:

(1)到目前为止,你对自己正在所从事的职业满意吗?你希望产生变化吗?

(2)你认为自己在工作中还有什么值得提高的地方吗?有什么值得继

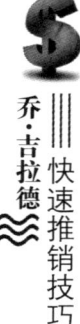

续保持的长处?

（3）你觉得自己的潜力如何？你是否认为自己的能力极限没有发挥出来？

（4）在工作中,你的能力和技巧有所提高吗？你是否觉得自己有进步？

（5）回答了以上问题后,你发现了自己的目标吗？

在做好以上几点评估之后,相信我们都能找到明确接下来的目标,并能专注于这个目标。如果常常思考问题该如何处理,很多方法就会由潜意识浮现出来。当然,你一定要确认一点,你自己是否有正确的认知,肯定自己想要达到的目标,而且能够达到目标。

2. 为自己拟定各种阶段的目标与规划

作为有远见的推销员,你应当随时注意你的四种类型目标：

（1）长期目标。一般来说,这个目标的一般是五年以上的,只有在大目标的指引下,你的努力才会有动力。这个目标的正确与否,直接决定了你很长一段时间的努力是否朝着正确的方向。

（2）中期目标。这个目标是一到五年以内的,比如,买房、买车、升职等,都属于这个范畴。

（3）短期目标。从时间上看,这些目标是一年以内的,这些目标的不断实现会给你带来欣喜,并会鼓舞你不断努力。

（4）即期目标。这是以天为单位计算的目标。一般来说,这是最好的目标,它们是你每天、每周都要确定的目标。每天当你睁开眼醒来时,你就需要告诉自己：今天相对于自己,我要达到什么样的突破,而当你有所进步时,它能不断地给你带来幸福感和成就感。

3. 定期更新你的目标

工作中,如果你实现目标的状况良好,甚至超乎预期,那么,你不要松懈,而应该以此为动力,并同时更新你的目标,制订更高的但必须是能达到的目标。如果工作进展速度落后于目标要求,你已无法实现,也不要放弃。

此时，你更应该鼓舞自己，"看来我应该调整一下目标了"。这时，你应当协调你的能力与目标，使它更容易现实一些，然后集中精力去完成它。

事实上，无论我们制订出何种目标，对明天的销售工作有何种规划，我们都必须付诸实践，然而，实践是要考验我们的毅力的。你需要像吉拉德一样，你用意志战胜身体上的懒与精神上的疲惫。这些状态会一再袭来，所以必须在第一次出现时就克服它，因为拖延是最大的敌人！立刻行动起来吧，别再浪费时间了！有目标的人，是不计一切全力以赴的人，而这种人最容易成功。

事先为客户创造多种需求的规划

销售过程中，很多销售员反映："为什么我们总是摸不清楚客户在想什么？我们推荐的，永远是客户不需要的。"的确，无法了解客户的购买需求，是无法打动客户的。而要激发客户的购买欲望，就必须了解客户真实的想法。然而，现实销售中，很多销售员忽视了这一点，他们只顾着将自己的目光盯在所推销的产品上，而无数的事实证明这样错了。

推销大师乔·吉拉德认为，销售就是解决顾客的需求，认真听他们说，然后满足他们就可以了，就这么简单！很多人认为自己早已了解这一点，实际上并不是！要不然为什么业绩上不来？

然而，我们都知道，任何客户，从销售员对其推销的那一刻起，就心存戒心，这不仅是对产品心存疑虑，更是对销售员本身的不放心。为此，我们若希望通过正面沟通来了解客户的需求并不是那么容易，为此，聪明的销售员在售前往往都能做足准备工作，列出一些关于客户需求的规划，并针对这些需求做出具体的应对措施，这样，便能做到在与客户交谈时以不变应万变了。而一些销售新手在与准客户交谈时，经常因为回答不上客户的问题而

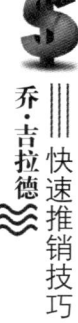

使得自己手忙脚乱，就是因为没事先做好这些问题的备案。我们再来看看下面这位推销员的经历：

晨鸣从医药管理专业毕业后，就在一家药品公司从事医药销售工作。刚开始在药房实习的时候，他对医药销售行业可谓一窍不通。

一天，药房来了一位顾客，身边还有其他几个人。他称自己感冒了，需要买感冒药。晨鸣为其推荐了一种感冒药，但正在晨鸣为其找药的过程中，他却自己在药柜上浏览了起来。过了一会儿，他对晨鸣说："小姐，不用找了，我就要这个。"晨鸣一看，这是一种很名贵的抗生素，这位顾客只是轻微的感冒。没必要用这么名贵的要。正当晨鸣准备劝顾客时，顾客说："我就要这个，你不用找了，我还赶时间。"没办法，顾客一再坚持，晨鸣只好给他开了那种药。

顾客走后，晨鸣问和他同药柜的大姐，大姐告诉他："你刚刚没发现这位顾客是和一些人一起来的？他们一行人操的都是东北口音，而且，刚刚他买的药是长春生产的，他们东北人有时候比较爱面子，明明几块钱可以治好的感冒药，可是和一群朋友一起，为了面子，宁愿买几十元乃至几百元的药，或许买回去之后，他们根本不吃，感冒也会好起来。这种情况，我在药店看得多了。不同的人有不同的购买动机啊！"

"是吗？怎么会有这么奇怪的事呢？那顾客一般都有哪几种购买动机呢？"晨鸣问。

"这个就说来话长了，但一般来说，顾客的购买动机还是可以总结为几类的……"

案例中，药品销售员晨鸣遇到的这种顾客，比较爱面子，在购买药品时，宁愿买贵的，不愿买对的。实际生活中，人们由于职业、年龄、身份、文化程度、兴趣、爱好、脾气秉性和经济条件的不同，会有不同的购买需求，产生不同的购买行为。而这不同的行为，归根结底，是受不同的购买心理所决定的。

而在实际销售中,研究顾客购买需求并非一件简单的事情。因为:第一,顾客的需求往往是多种多样的,除了最主要的以外,有的深藏不露。第二,同一需求还可能引起多种购买行为。所以销售员应尽可能地挖掘顾客的购买动机归根结底是出于什么需要。

总结起来,人们的购买需求一般分为以下两大方面:

1. 本能性需求

有些产品,人们不得不购买,比如,服装、食物、房屋、药品等,没有这些,人们就无法生存。在购买这些产品上,人们的购买行为一般具有经常性、习惯性和相对稳定性的特点。但应看到,随着人们生活水平的提高,人们在购买此类产品上的动机也在发生改变,这种在单纯的本能性动机驱使下的购买行为随之变得较复杂。

2. 情感性需求

情感性需求分为三种:

(1)理智型需求。这类客户往往有着比较丰富的生活阅历,有一定的文化修养,比较理性成熟。他们的购买动机具体表现在以下方面:

①关注实用性。比如,购车,他们会首先考虑汽车的技术性能和实用价值。这类客户的决定一般不受外界因素的影响。

②关注安全性和质量。具有这种购买动机的客户更加关注产品的品质。他们对产品的质量、产地等十分重视,对价格不予过多考虑。

③关注价格。这是很多顾客购买产品时的心理特点,他们购买产品,注重经济实惠。这类客户以经济收入较低者居多,喜欢对同类产品的价格差异进行仔细的比较。

(2)感性需求。这类客户通常有这些表现形式:

①求新、求异。这种情况一般在年轻人身上表现得更为突出,很多年轻人都标榜个性,购买产品也是如此。

②攀比。这类客户总是不甘人后,他们希望通过购买的产品来显示自

己已经处于某个社会层次。别人有什么,自己就想有什么,不管自己是否需要,价格是否划算。

③炫耀。这多见于功成名就、收入丰厚的高收入阶层,也见于其他收入阶层中的少数人。

(3)社会性动机。由人们所处的社会经济条件、自然条件和文化条件等因素而引起购买商品的动机称为社会性动机。这些动机的的引发条件一般是民族、文化、风俗、教育等各个方面。

当然,以上这几种三种购买需求,有着内在的联系。在消费者个体身上仅仅存在一种动机而购买某种商品的情况是少有的,往往是兼而有之。作为销售员,可以为客户创造需求规划,从而增加客户的购买。

营造良好的销售环境

在拜访客户前,我们必当与之约见具体时间、地点,也就是说,任何销售都是在一定的环境下进行的。然而,一些缺乏经验的销售新手们虽然准备工作做得很充足,有热情的态度和熟练的沟通技巧,但总是还未等销售进入实质性阶段就被客户拒之门外,这往往是因为没有选择恰当的销售环境。如果在不适当的地点与客户沟通,也很可能让客户觉得不受重视;而如果在不适当的时间与客户进行交流,客户很可能会认为自己的事情受到了打扰等。比如,当客户心情不好或者正忙得不可开交时,销售人员贸然上门,通常都不会达到预期的沟通效果。

因此,我们在销售伊始,一定要先做好规划,只要事先营造好良好的销售环境,才能让客户在愉悦的心情下,与我们进行交易。事实上,很多优秀的销售员都是在碰了钉子后才明白的,推销大师乔·吉拉德也是如此。

在乔刚从事销售行业的时候,他对销售工作并不熟悉。这天,他与一家公司达成了口头协议,说下午过去,但并没有约定具体时间。于是,一点钟的时候,乔已经来到了这家公司。但出人意料的是,这家公司的员工并没有工作,有的人正在吃午餐,有的人在休息,大家都是一副没精打采的样子。再看老总,可能是太累了,他居然在自己的办公室打盹。乔一看这情形,也不能贸然打扰,于是,他只好在门外的走廊上等着。过了好一阵,这位老总终于睁开了双眼,但还是睡眼惺忪的样子,也根本不记得与乔约好的面谈事宜,还问他是干吗来了。虽然乔为他解释了半天,但对方似乎很不感兴趣,于是,不到十分钟,乔就被打发出来了。

经过这次事情之后,乔发现,约见客户,一定得事先了解清楚情况,尤其是对拜访客户的时间,一定要有潜心研究,不能盲目拜访。拜访客户时,最好不能妨碍客户的工作时间,所以,最好先预约,让客户决定见面的时间,这样,就不会显得唐突。

乔总结了以下几点关于约见客户的经验:

如果客户没有约定具体的时间,那么,我们就必须选一个较适宜的时间。一般来讲,每天早上,当客户刚上班的时候不宜拜访,因为这个时间客户需要安排一天的工作事宜,甚至需要参加一些诸如例会般的一些场合,你贸然拜访必当会打扰客户。而十一点以后,因为此时,午饭时间将至,效果也不是不好,搞不好你还得请客户吃饭。另外,你最好还应避免快要下班的时间拜访,因为没有人喜欢在下班后长时间逗留在办公室。

总体来说,上午十点到十一点,以及下午两点到四点,是比较适合拜访的。因为此时,客户的工作安排已经就绪,比较从容。

总结出以上几条经验后,乔的再次拜访顺利了很多。

乔·吉拉德为什么刚开始没有拜访成功?很简单,因为他没有选对拜访的时机,此时,客户正处于午休态,根本没有精力与销售员沟通。可见,沟通时机不恰当,往往使销售员无功而返。如果销售员能选一个合适的时机拜访客户,那么,效果便会好得多。

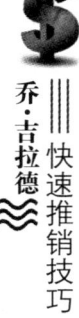

除此之外,销售环境的选择也相当重要,那么,销售员如何来营造良好的销售时机和环境呢?

1. 时间的选择上

所谓知己知彼,百战百胜,与客户沟通也是如此,事先对客户进行充分了解,能有效避免沟通中很多问题的出现,比如,了解客户的生活、工作规律,就能避免拜访客户时扑空。因此,我们对潜在客户拜访前,一定要事先做足准备工作,比如,要对对方的职业进行一番了解,因为一般情况下,客户的时间安排状况是和他的职业有一定的关系的。

不同工作类型的客户在时间安排上是不同的,为此,可以大致归结为以下几类:

(1)国有企事业单位以及公务员:可以选择上下午的上班时间与他们沟通,不过最好要错过午饭或者下班以前。

(2)教师:每天下午下班后、双休日、寒暑假,他们比较轻松。

(3)医生、护士:与教师相反,节假日或者周末,他们是比较忙的,每天上午十点前或下午四点后可能相对轻松。

(4)银行职员、领导:周末、节假日、月初、月尾及大多数企业的工资发放时间都比较忙,通常,上午十点前或下午四点后相对轻松。

尽管上述有关客户的时间安排有一定的规律可循,但是仍要注意规律之外的事情发生,比如一些突发事件的出现等,况且并不是所有的客户都会遵照这些规律安排自己的时间。为了更全面地了解潜在客户的时间安排,销售人员最好能多做一些调查,比如了解客户最近是否有外出计划、是否生了病、是否有其他活动安排等。

另外,我们选择与客户沟通的时机,最好还要把客户的情绪也考虑进去,一些比较愉快或者对客户来说具有非同寻常意义的时间,很可能是最有利于展开互动沟通的时间,比如:客户的生日、结婚纪念日、节假日、或者刚发工资、得到晋升等。

总之，对客户的具体时间安排了解得越清楚，销售人员就越容易寻找合适的时机与客户展开沟通，从而最大程度地避免无功而返或引起客户厌烦。

2.环境的选择上

很多时候，一些销售员都忽视了地点的选择同样对与准客户的沟通至关重要，不恰当的沟通地点可能会使客户感到不舒服、不方便或者受束缚。

所以，销售人员在与准客户沟通前，最好能先根据不同的客户特点和沟通内容，选择合适的场所。一般来说，最好避免选择那些让客户感到压抑和商业氛围较浓的场所，除非是那些需要通过商务谈判来保持联系的大客户。

另外，销售人员在选择沟通地点的时候，一定要本着"方便客户"的原则，不能为了一己之便而让客户感到麻烦。通常，应选择客户的家中、办公室或者就近的餐厅、茶楼等，千万不要选择客户不便到达的地点。

如果我们能在与客户见面前，了解了客户的时间安排，并选择合适的地点，那么，一般情况下，客户是愿意接待的。

分析客户类型，计划应对策略

古人有云：凡事预则立，不预则废，就是不打无准备之仗。我们若想成功推销出去产品，就一定要做好战前准备，这其中自然免不了对客户的调查分析。作为销售人员，每天都要与不同的潜在客户接触，联系的客户多了，自然能对客户做出分类。而对客户分类，也有利于我们更好地掌握客户的情况，方便我们做出进一步的销售计划，而不至于眉毛胡子一把抓。

而事实上，大部分情况下，很多销售员在推销的过程中，都只想着把自己的产品推销给客户，这无可厚非，毕竟，业绩才是硬道理。但事实上，如果销售员不对客户做足前期的工作，那么，便无法了解客户最终需要什么，销售最终陷入失败也就是这个道理。

有这样一个电影情节:某天早上,一位富商开着自己的豪华轿车来到山顶上锻炼身体,随后,为了方便,他将车子停到了路边,而这条路的旁边,就是万丈悬崖。接下来,他开始他的晨练,他将一条腿放在车子上压腿,此时,一个黑人路过,也摆出了相似的姿势,不过他是用力把车推下山涧。影片结束语:意外的力量使我们的距离更远。

这个故事中,这位路过的黑人可以说是好心办了坏事,他以为富商司机要将车推下悬崖,于是,便出手帮助,才出现了上述滑稽的一幕。

其实,在推销活动中,很多时候,我们都是在扮演这位好心的路人的角色,面对客户,我们认为自己很努力就会有好的结果,却不知道不正确的方法用得越多,只会让客户和我们的距离越远。一个专业的业务员要能敏锐洞察客户在被何种心理所驱动,并善加利用。

推销大师乔·吉拉德曾在一次演讲中说道:"很多人早上起床后,糊里糊涂地过一天,不知道生活的目的是什么。还有人总是等待机会的到来,期望有一条大鱼撞到自己怀里。上帝才知道这种人是否能成功。我绝对不做这种人!我每天都有目标,而且是前一天就计划好的。不管别人怎么捕鱼,我只管捕自己的鱼!"

最初从事销售行业的乔因没有人脉,最初只靠着一部电话、一只笔和几页电话薄作为客户名单。只要有人接电话,他就记录下对方的职业、嗜好、买车需求等生活细节,虽吃了不少闭门羹,但是多少有些收获。而在他的收获里,除了销售业绩外,更多的是对这些接触的客户的分析、了解等,因为对这些客户类型的熟练掌握,他后来的推销工作顺利多了。

古语有云:对症下药才能见效,否则就是做无用功。不可否认,我们的产品的确有很多卖点,但如果不了解客户的需求,甚至给出很多不切合实际的承诺,结果只会产生王婆卖瓜之嫌。只有在充分了解客户心理的前提下,让其明白买了什么产品会获得什么利益,进而引起客户的购买欲望,成交才能真正成功,这也是事先了解客户类型的必要性。

那么,一般来说,客户有哪些类型？面对不同的类型,我们又该制订出什么样的应对策略呢？

1. 感性的客户

这类客户往往"重情重义",他们常常认为:"人情大似债。"有时候,他们宁愿自己吃亏,也会维系人际间的良好关系。

应对策略:要留给他良好的第一印象,并建立一定的感情基础,很多时候不必太过于强调产品的优势。

2. 争强好胜型客户

这类客户总是希望争夺第一,不愿落后于他人,别人买什么,我也必须买；别人买的是新产品,我绝不会买过时的。

应对策略:借助上级领导或优质客户出面壮壮声势,促使客户早下购买决心。

3 利益型客户

这类客户为人处世都是利益第一,即使亲兄弟也要明算账。同样,他也不会因为和你有老交情而选择你这样一个固定的产品供应商,他们会首先比较价格而且比较的结果是让你没有利润,然后再要求质量,想赚这样客户的钱不容易。

应对策略:针对这样的客户,你必须非常地专业,设计的产品最好让他感觉到物超所值。20%的精力用于建立感情,80%的精力用在推销产品或提供获利的佐证上。

4. 讲求原则型客户

这类客户通常做事、看问题比较客观、理智,不会掺杂太多感情的因素,他们不会因为关系的好与坏而选择供应商,更不会因为个人的感情色彩选择对象。这类客户大部分工作比较细心、比较负责任,他们在选择产品之前都会做适当的比较。一旦他接受了你的观念,在经济条件允许的情况下,不会过多地考虑。

应对策略：对于这样的客户不可以强行公关、送礼等关系公关方式，最好、最有效的方式就是坦诚、直率地交流，不可以夸大其词。

当然，在日常的推销工作中，我们所遇到的客户类型远不止以上几种，需要销售员根据自己的推销经历加以分析、总结。

要做好排除客户异议的准备工作

作为销售员，我们都知道，任何客户，从销售员对其推销的那一刻起，就心存戒心，这不仅是对产品心存疑虑，更是对销售员本身的不放心。为此，他们总是存在各种异议，试想一下，要是这种异议不存在的话，推销员根本用不着东奔西走、费劲唇舌，而只需要担当送货员的工作即可。可以说，即使是推销员乔·吉拉德，在他的整个推销生涯中，也处处存在异议。但你若要想推销成功，就必须设法克服顾客的异议。正因为如此，聪明的销售员在售前往往都能做足准备工作，列出一些客户可能存在的问题，并作出完美回答，这样，便能做到在与客户交谈时以不变应万变了。而一些销售新手在与准客户交谈时，经常因为回答不上客户的问题而使得自己手忙脚乱，就是因为没事先做好这些问题的备案。

我们不妨先看下面这位推销员的推销经历：

小王是个连接器推销员，他很爱动脑，每次推销前，他都会事先将问题考虑周全。这天，还是和往常一样，他要去一家大公司去推销连接器，但小王通过资料发现，这家公司已经有合作者，但他还是自制了一套说词。

果然，当他来到这家公司，说完自己公司的品牌以后，客户问起了产品的制造厂商，然后说：

"谢谢你，辛苦了。不过很抱歉，前几天已经买过了。很对不起，我不能跟你买，因为制造工厂有我的朋友在那里，不向我的朋友买好像说不过去，而最重要的是,人家是大公司,我还是相信大公司的产品。"

"是这样啊？您跟××公司的王先生是朋友啊？××电器公司的产品在这一行是数一数二的,信誉卓著。不过我们公司出的产品也不落人后,请您看一看吧！我们这个连接器保证绝不输于电器公司的连接器。我知道贵公司一向都是使用高级品的,最合适不过了。为了求得进步,您采用我们公司产品试试,也不会对不起朋友的公司呀！是吧？"

那客户说:"好吧！那就用一次试试看。"

小王从这家公司出来后,叹了一声:"幸亏早有准备啊。"

我们发现,面对销售员的推销,客户似乎总是有很多原因拒绝,针对客户的这些借口,很多销售人员往往束手无策,最终也只能知难而退,放弃推销。其实,如果我们能和案例中的小王一样,事先就对这些异议做一番预测,并作出完美的回答,是能帮助我们顺利渡过这些销售难关的。这些正体现了一个销售人员的水平。

常见的异议有以下四种,我们可以根据不同的情景,用不同的方式回应我们的客户:

(1)"太贵了"。实际销售中,当客户告诉销售员"你们的东西就是比别人的贵"时,许多销售员都会很不客气地回敬一句:"一分价钱一分货,你要是不满意,那你就去他那儿买吧。"这种应对绝对是销售的大忌,无异于赶走了客户。我们应该这样说服客户:

①分解价格法。它是按产品使用时间的长短和计量单位的不同来报价,把庞大的价格化整为零,隐藏价格昂贵的威慑力。这种方法使价格分散成较小的价位,比如一件商品可以用多久,分摊到每个月是多少钱,而实际上并没有改变客户的实际总支出,但却比总报价更加容易被人接受。

②比较法。产品与产品之间打的不仅是价格战,还有质量、性能能其他方面较量。当客户告知你的产品比其他家贵时,我们可以用比较法突出产品的优势。就是将同类产品进行优势对比,突出自己产品在品质、性能、声

誉、设计、服务等方面的优势。让客户知道"贵有贵的理由"。其实,这也是在用转移法化解客户的价格异议。人们常说"不怕不识货,就怕货比货",在比对当中,客户一目了然,自然会选择物有所值的产品。要注意的是,在比较的时候千万不能贬低竞争对手,小肚鸡肠的销售方式会给客户留下不良印象。

(2)"我觉得××家的产品更好些"。我们发现,表面上看,客户的立场似乎已经坚定,因为人们似乎已经认定了某家的产品更好,但实际上,这是不是也是一种借口呢? 为此,作为销售员,我们不妨试探一下:

"原来是这样啊,能够向自己的朋友买再好不过了,我想你们应该是认识多年的好朋友吧!"(稍微停顿一下)

如果客户在撒谎,那么,此时他一定会着急应付你的话,比如,他们会说:"你管太多了! 我的朋友与你有什么关系啊!"而如果情况属实,那么,他一般会说:"哦! 大概是这样子的吧! 好多年了!"或说:"叫我怎么说呢?"

这样,我们便能很轻松地看出了客户是否在找借口了。但无论如何,你都不要放弃你的推销工作,你可以说:"这个请您做参考好吗?"此时,你可以一边拿出产品说明书、图样来给他看,一边为其示范产品的使用方法,同时劝导客户买下来。但客户如果一点儿也没有改变心意时,那么,你就要另作打算了。或想办法游说,或做个长期计划,先慢慢成为客户的朋友,再逐步进行推销事宜。

(3)"我暂时不需要"。一般来说,客户称自己不需要,一般分为两种情况,一种情况是客户真的不需要;另外一种情况这只不过是客户拒绝的一个借口。针对后者,销售员固然不能直截了当地深究,然而不找出客户说"不需要"的原因,销售工作就难以顺利进展。所以销售员就要采用较为委婉的提问或者交谈方式来探究真实原因,想办法让客户自己说出拒绝购买的原因。在使用这种迂回战术时,销售员一定要审时度势,注意措辞得当,表达适度,以免打乱与客户的沟通进程。

(4)"你们的质量不会有问题吧"。客户会提出这一问题,表明他们对产品以及销售人员的话不信任,此时,要想消除客户的这些想法,销售人员在态度上就一定要给人以坦诚老实的感觉,说话要注意语气,切不可眉飞色舞唾沫横飞,让他们产生一种华而不实的印象,进而对你所介绍的产品产生相同的感觉。

销售人员可适当地表示你对他们意见的赞同,甚至还可以主动承认产品的一些"小问题",当然这都无伤大雅,绝对不会影响产品的使用,这样会使对方心情由阴转晴。

对于那些需要证据的客户,销售人员可以展示手头能找到的一切证据向其证明你所说的话绝不掺假。可将获奖证书、权威机构的认证证明、报纸、杂志刊登的表扬性文章请他过目,相信这些能令他折服。

当然,客户可能提出的异议远不止以上四点,我们"备案"越充分,越能帮我们在具体的销售过程中"应急"!

牢记销售目的,让主动权始终掌控在自己手中

任何一个销售员都知道,任何销售活动的最终目的都是成交,成交也是整个推销过程中最关键的部分。也就是说,要是生意未能成交,您就没有达到自己的主要目的。乔·吉拉德认为,订约签字的那一刹那,是人生中最有魅力的时刻。他说:"缔结的过程应该是比较轻松的、顺畅的,甚至有时候应该充满一点幽默感。每当我们将产品说明的过程进行到缔结步骤的时候,不论是推销员还是客户,彼此都会开始觉得紧张,抗拒也开始增强了,而我们的工作就是要结束这种尴尬局面,让整个过程能够在非常自然的情况下发生。"

因此,无论你是销售新手还是一名经验丰富的前辈,你都不可以掉以轻

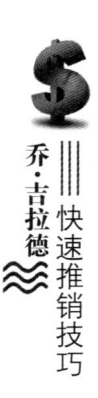

心,千万不能傻乎乎地以为自己的工作就是走走推销过场,而不考虑结果。但从乔的这番话中,我们还发现,缔结成交的过程是紧张的、尴尬的,我们要想让达成我们的销售目的,就必须学会让销售的主动权掌握在自己手里。

吉拉德经常在推销汽车即将成功时,会先运用假设法。吉拉德曾经有过一次成功的销售经历,那时客户还处在最后的犹豫阶段。

首先吉拉德会确定一点:"看来你是喜欢四门式的汽车!"这绝不是单纯的询问,接下来,他会通过让客户喝水、抽烟的方式来缓和客户的情绪,然后问:"你刚刚说想要什么颜色呢?"如果客户回答"×颜色",那么,商谈就基本上成功了。"目前正好有一部。"这个时候吉拉德让人把车开了出来,顺便拿出利用谈话时间已经准备好的订购书,指着客户签名一栏:"这个地方麻烦你亲自动手了。"对此,吉拉德建议,尽量不要说"请在这里签字"这样的语句,因为这种方式太敏感了。

我们再来看看下面这一销售故事:

林芝是某出口卫浴公司的老板,因此,她需要参加一些涉外商务谈判。在对下属谈到自己的谈判经历时,她说道:

"我和老外谈判的情况会比较多,因为客户来自世界各地。总体而言,我认为老外对中国的卫浴产品是有一定歧视的,认为只要把单给我们就已经非常恩惠了。遇到这样的谈判,我通常是自始至终保持冷静的态度。"

林芝是这么说的,也是这么做的。一次,有一个客户,给她下了100多万美元的单子,但价格却已经低于她所能接受的底线了。关键不在于价格,而是对方的态度和气势。面对高高在上的对方,林芝采取的态度反而是委婉:"不好意思,这个价格我还要考虑一下,但估计情况不会太乐观,因为我们卖的是品质。"最后这个客户一拍桌子站起身来就走了。

两天后,这位客户从欧洲飞回来,说一定要马上见林芝,而林芝给他的回复是:"抱歉,两三天后我才有时间。"后来,这笔生意以双赢的结果成交。

在这场谈判中,谈判对手本想以气势压倒林芝,但林芝并没有受到对方的影响,而是始终比较冷静,以从容委婉的态度去应对,简短的几句表达态度的话就扳回了谈判的主动权,最终实现了谈判结果的双赢。

那么,作为销售员,我们该如何掌握主动权,引导客户成交呢?这里,我们不妨学习一下推销大师的实战秘诀:

(1)始终记住一点,你的最终目的是成交,所有的准备工作、销售技巧都是为了达到这一目的。

(2)用你的自信、热情感染你的客户,大胆地告诉客户,你的产品正是他们所需要的。

(3)一味地劝服客户购买不如巧妙引导。

(4)一旦发现成交时机,就要把握好,不可错失,不过还要注意自己的说话方式、态度、语气,不要在关键时刻功亏一篑。

(5)善于察言观色,懂得倾听,把握客户的心灵更容易成交。

(6)要敢于开口,提出成交建议。

(7)提出成交的建议可以采取假设成交的方法。

(8)建议客户成交还是要客户自己做主,不要给别人强卖的感觉。

(9)成交时,请客户签名,要注意自己的表达,尽量不要说"请在这里签字"的话。

总之,你应该永远牢记:没有卖出货之前,你干得再多也不值一提,不到成交那一刻,就等于你什么也没有做。成交是销售中最重要的一部分。推销不是简单的产品介绍,但绝对不能不在乎有没有成交。你可以不断展示你的产品,但如果不能成交,你所有的努力都白费了。

第4章

准备充分,工具与资料让销售更有把握

"如果你每天肯花一点时间来了解自己的顾客,做好准备,铺平道路,那么,你就不愁没有自己的顾客。"

——乔·吉拉德

任何一个优秀的销售人员同样明白"凡事预则立,不预则废"的道理,销售不能打无准备的战。推销大师乔·吉拉德也告诉我们,知己知彼,百战不殆。这里的知己知彼,指的是对三个方面的了解,即客户的需求、对手的现状、自己的情况。这三个方面看似很简单,但一切决策的失误,都来源于对这三个方面不了解。我们都知道,与客户面对面沟通的时间是极为有限的,我们不可能把精力一直放在一个客户身上,而即使我们有精力、时间,客户也不一定有。因此,销售前的准备工作就显得尤为重要。做好准备工作,能让你最有效地拜访客户,能让你在销售前了解客户的状况,帮助你迅速掌握销售重点,节约宝贵的时间,制订出可行、有效的销售计划。

吉拉德的工具箱

一个优秀的销售员,在向客户推销产品时,往往靠的不仅仅是一张嘴,还有充足的准备,这其中就包括一些销售工具,这不仅仅会让显得销售人员显得更专业、干练,增加销售人员的自信,还能让客户看到你的责任心,进而取信于你。试想,当客户需要我们的名片时,我们却告诉客户"忘记带了",这势必会让客户"大跌眼镜",谁又愿意与这样的销售人员合作呢?

推销大师乔吉拉德在出门前,总是先仔细检查自己的工具箱,以保证万无一失。他的工具箱相当丰富,这其中包括最基本的工具,如合同单、登记表格、地图等,还包括名片、产品说明书、样品、产品价目表、买主名单一览表、权威机构评价、报纸剪贴、各企业同类产品比较表、小礼品、幻灯片、订购单等。

乔·吉拉德告诉所有销售人员,在推敲前,一定要带齐所需的资料、名片、样品等,并要熟记在心,这样,能让我们知道什么时候该去进行哪一项工作,让我们在销售中手到擒来。

日本丰田汽车公司有一个不可动摇的原则是:"一个优秀的推销员不只是靠产品说话,而且要善于利用各种工具。"

在美国,有一家叫 CFB 的公司,它的总裁叫克林顿比洛普。但没人会想到,这样一个成功的公司总裁,曾经为康奈狄克州西哈福市的商会推销会员证。

有一次,他向一个商店老板推销会员证,老板拒绝了,他的原因很简单:"我的商店并不处于西哈福市的市中心,相反,它太偏远了。因此,即使我是商会的会员,也并没有多少客户会因为这点而来购买我的商品。因此,我觉得花钱购买这种会员证纯属多余。"

听到商店老板的解释,克林顿比洛普并没有放弃,他请求对方再给他一点时间,商店老板答应了。于是,一个小时之后,克林顿比洛普拿着一个特大号信封出现了。

看到克林顿比洛普手里的大信封,商店老板充满了好奇,虽然他已经拒绝了克林顿比洛普,但还是忍不住问道:那个信封里到底装了什么东西?方便看一看吗?

当商店老板打开信封后,很惊奇地问:"为什么是一个印有西哈福市商会标志的金属牌?",

"你只要将这个牌子挂在商店边的十字路口上,那么所有来这里购物的人们都会知道您的商店处于一流的西哈福区,而您则是西哈福市商会的一名尊贵成员。"正如克林顿比洛普所希望的那样,商店老板很高兴地加入了西哈市商会,并且支付了商会会员的会费。

可见,在拜访客户时利用一些道具,这些道具既可以体现你的身份、气质和尊重客户的态度,也可以引起客户的好奇心,为你提供许多便利。因此,你要善于制作和利用各种推销工具。当然,不同的道具在沟通过程中起到的作用不尽相同,究竟选择什么样的道具,必须根据客观需要来决定。一般来说,一套完整的销售工具包括:

(1)一个内容丰富、整齐干净的公文包。细心的你可能发现,那些销售业绩良好的销售人员,通常都有一个必不可少的工具——公文包。我们不妨试想一下,如果一个两手空空、夸夸其谈的人站在你的面前,并开始讲述他的产品,那么,可能你需要一段时间先搞清楚对方的真实身份。可见,公文包确实是推销员必不可少的推销工具,甚至从某种角度看,还是推销员训练有素的体现。当客户看到一个干净整洁、内容丰富的公文包,他便会认为你做事认真、负责、有条理,对你的信任度就会无形中增加不少。同时,这也能体现你对客户的尊重。对于一个具有道具作用的公文包,推销人员必须保证它符合两项条件:第一,公文包必须干净,物品摆放整齐;第二,公文包

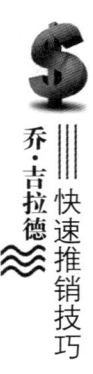

里的资料必须内容丰富。

公文包除了要保持整洁和内容丰富之外,推销人员还要注意根据形势的变化和客户的特点经常对公文包里的东西进行更新和整理,及时增加新内容,把那些不必随身携带的老材料放到档案袋中保存。

(2)一张能代表你身份的名片。现代社会,名片已经成为人与人之间互相认识的最简便、快捷、有效的工具。同样,对于推销人员来说,名片就如同我们的形象代言人一般,当我们把名片递给客户时,就等于是在做自我介绍。一张设计巧妙、新颖、能展示销售员风采的名片无形中就给推销员及其推销的产品做了广告。为此,很多推销员都会在设计自己的名片时下一番工夫。

曾经有这样一位老汽车推销员,他在设计名片上有着自己的心得:他的名片很大,足足有普通名片的三倍;他的名片内容丰富,正面印有公司名称、地址、联系电话;每张他送出去的名片,都有他自己手写的一段话;除此之外,这张名片上,还附有他的照片、简历。这种设计独特的名片常常使客户对他产生很深刻的印象,当然这也为他以后与客户的良好沟通开了一个好头。

(3)样品及资料。你需要随身携带样品和资料,并且,在任何一次销售活动开始前,你都要仔细检查一番,以保证万无一失。

另外,对于即将要用到的资料,我们一定不能投机取巧、依赖于现有的说明书,尤其是当你的产品知名度不高或者竞争对手强劲时,你一定要亲自补充说明书没有的内容。这些内容包括:产品的卖点,比如,性价比高、安全性高等,同时,你也可以引用其他客户的好评来证明你的说明。

总之,如果你希望自己成为如吉拉德一样优秀的销售员,你就要学会将这些销售工具,看做自己在销售战场上的武器。如果我们不能做到有备而来而盲目行动,那么,这无疑是白白地送死,胜利自然也就是无从谈起。因此,作为销售员的我们,一定要记住,磨刀不误砍柴工这句古话,在销售前准备好自己的工具箱,唯其如此,我们才能攻占对方的堡垒,进而取得最后的胜利。

制作并巧用档案卡片和信件

推销专家曾说过:"只要对客户已经有所了解,你才能更好地推销产品,你对客户的了解,远比你对自己产品的了解还重要。"中国有句古语"知己知彼,才能百战不殆"也是这个道理,当你做了认真的准备后,客户就很容易接受你提出的解决方案,不需要你做很多工作,他也会毫不迟疑地买你的东西。这是一种最好的推销方式,它会使客户顺从你的意愿,使你获益。可见,在推销之前,你必须做好准备。即使是一次陌生拜访,你也不能为了敲门而敲门,而应该做到对客户的深入了解,你要做一些研究,以保证敲对门。

然而,现实的销售工作中,很多销售员却不知道如何处理这些客户的重要信息,进而使得这些信息毫无用武之地,对于这一点,销售大师乔·吉拉德就颇有心得,我们不妨先来看看:

刚开始从事推销工作时,由于缺乏经验,乔在工作上也很没有条理性,他常常把好不容易搜集到客户的资料写在纸上,然后随手丢在抽屉里。后来,他在追踪客户时,也常常因为找不到资料而恼火,此时,他才意识到建立客户档案的重要性。于是,他去文具店买了日记本和一个小小的卡片档案夹,把原来写在纸片上的资料全部做成记录,建立起了他的顾客档案。

乔认为,推销员应该像一台机器,具有录音机和电脑的功能,在和顾客交往过程中,将顾客所说的有用情况都记录下来,从中把握一些有用的材料。

乔说:"不论你推销的是什么东西,最有效的办法就是让顾客相信——真心相信——你喜欢他,关心他。"如果顾客对你抱有好感,你成交的希望就增加了。要使顾客相信你喜欢他、关心他,那你就必须了解顾客,搜集顾客的各种有关资料。

乔中肯地指出:"如果你想要把东西卖给某人,你就应该尽自己的力量去收集他与你生意有关的情报……不论你推销的是什么东西。如果你每天肯花一点时间来了解自己的顾客,做好准备,铺平道路,那么,你就不愁没有自己的顾客。"

可能一些销售员会认为,收集客户资料并归档是一件很劳神劳力的事,但你要认识到的是,这也是一件极为有效的事,他可以帮你从潜在客户身上发现尽可能多的信息,例如他的生活习惯、他的家庭、他的关切点、他的兴趣、他的爱好、他的要求、他的需要、他喜欢什么和不喜欢什么以及一切有关的其他信息。有了这些,你就能够摸准客户的秉性,对症下药。

关于客户的这些信息,都是非常宝贵的,也是来之不易的。因此,当我们花费很多心思获得这些信息与资料之后,还有项非常重要的工作,那就是,建立客户档案,以便我们随时翻阅与更新。而在建立客户档案上,我们更应该学习乔这种卡片档案的形式。

乔说:"在建立自己的卡片档案时,你要记下有关顾客和潜在顾客的所有资料,他们的孩子、嗜好、学历、职务、成就、旅行过的地方、年龄、文化背景及其他任何与他们有关的事情,这些都是有用的推销情报。所有这些资料都可以帮助你接近顾客,使你能够有效地跟顾客讨论问题,谈论他们自己感兴趣的话题。有了这些材料,你就会知道他们喜欢什么,不喜欢什么,你可以让他们高谈阔论,兴高采烈,手舞足蹈……只要你有办法使顾客心情舒畅,他们不会让你大失所望。"

而针对使用档案卡片和信件上,乔更有其一套心得:

"不要把公司名放在信封上,想想你自己看到这样的信每天丢掉多少?你需要做的是让他把信封打开。每月寄一万六千封信,不同的大小,每月寄信,信封的封面也不同,但是同样有一句话:'我喜欢你。'例如一月的卡片右边有瓶香槟酒,左边有'新年快乐',没有销售没有业务,仅仅这样而已。接着二月'我祝你情人节快乐'。每天回家你便会有三件事需要做,对老婆或妈妈说我回来了,然后是孩子怎么样乖不乖,第三件就是有没有什么信件啊?老婆会说我们接到一封叫乔吉拉德写的信,想象一下每月会有一万六千个家庭在说乔吉拉德,一年十二个月,每月一万六千封,乔·吉拉德、乔·吉拉德,小孩子从小就知道乔吉拉德。'你爸爸妈妈是向谁买车的?''乔·吉拉德。'他还会忘记吗?只要你让客户忘记你的名字,那么你就输了。你可以想想那些卖给你房子、车子的业务员你还记得他们的名字吗?不是你错了,是那个业务员错了。你永远不会忘记乔·吉拉德,因为每个你都会收到他的卡片。不管是什么季节、什么节日,祝福的话尽管写上去吧,寄给你的客户,这么简单而已。你的名字会像音乐一样进入客户的耳朵。"

乔·吉拉德很有耐性,不放弃任何一个机会。或许客户五年后才需要买车,或许客户两年后才需要送车给大学毕业的小孩当礼物;没关系,不管等多久,乔吉拉德都会不时地打电话追踪客户。一年十二个月更是不间断地寄出不同花样设计、上面永远印有"I like you"的卡片给所有客户,最高纪录曾每月寄出一万六千封卡片。"我的名字'乔吉拉德'一年出现在你家十二次!当你想要买车,自然就会想到我!"展示着过去所寄出的卡片样本,吉拉德的执著令人折服。

总之,现代社会,谁拥有客户资料、信息越多越全,谁能让客户记住你,谁就能成功推销出去产品。客户档案就是记录客户资料的重要载体,是我们有效了解客户、分析客户、掌握客户的渠道之一,而巧妙地使用卡片和信件更是让客户记住我们的重要方式!

准备"实例资料",事实更有说服力

销售过程中,销售员要达成交易,首先要解决的问题就是激发客户的购

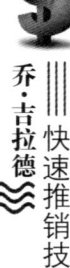

买欲望,让客户动心。客户对产品没有任何兴趣,何谈购买?而现实销售中,有时候,我们使出浑身解数,向客户展示产品的众多优点,可客户似乎却不吃我们那一套,但如果换种推销的方式,比如,向客户展示一些真实案例,进而放大顾客的需求,就会让顾客有种紧迫感,自然就会加快购买的脚步。

作为"世界上最伟大的推销员"的乔·吉拉德,他很注重在推销中运用中各种推销技巧。其中,经常运用事实与资料,便是他说服客户的一种重要手段。吉拉德推销的是雪佛莱汽车,因此,每当公司推出一款新型车时,他做的第一件事便是仔细阅读产品说明书,最重要的是,他会牢记这款汽车的优点,甚至他还会购买竞争对手的汽车信息,以做到在与客户交谈时更有说服力。

的确,销售过程中,任何时候,最忌毫无事实证据的论述。因为客户对产品不感兴趣,本身就可能是因为对产品不信任,对销售员心存戒心,若我们的论述无据可依,则会加深客户的疑心,也就无法激发客户的购买欲望。如果我们能展现现实例证,给客户吃一颗定心丸,自然会增加客户购买的信心。我们再来看看下面这位推销员的一次推销经历:

有一位顾客想要购买燃油锅炉。一些销售人员得知这个消息之后,都纷纷跑来向客户介绍自己公司的产品。这让客户感到非常为难,因为他之前与这些公司从来没有合作过,也不知道哪一家的产品更加可靠,所以一时半会拿不定主意。

这时候,有一位销售人员摸清了客户的心思,在产品的介绍材料里夹了一份客户联系的单子,而且其中有一个客户就是这个顾客的邻居。于是这个客户就给邻居打了个电话。

从邻居嘴里得知该公司的产品质量还不错,而且销售人员也值得别人信赖,于是顾客就选择了这家公司的锅炉。

案例中,这位销售员是聪明的,一张客户联系的单子能说明很多问题:

这种燃油锅炉很畅销,该客户的邻居们都购买了,产品质量自然信得过;这个销售员的客户名单是真实可靠的,而不是杜撰的,客户自然深信不疑,最终,他说服了客户。

现实推销中,作为销售员,我们该怎样让事实说话,向客户展示实力资料,才能达到预期的效果呢?

1. 用具体的、真实的事例来说明问题

真实的事例是一种具有说服力的论据。比起抽象的产品质量报告,具体真实的事例显得更加形象生动。如果销售员告诉客户:"我们是奥运合作伙伴,这是我们的合作标志。"那么客户不仅欣然接受,也会深信不疑。

另外,销售人员给客户所举的案例一定要真实,否则就是搬起石头砸自己的脚。

2. 表明产品的畅销度

生活中,人们都有一种从众心理。在购买活动中,这种心理更为明显,这是降低内心危险意识的一种典型体现。销售人员要想促成顾客购买商品,利用这种从众心理促成交易,也是一种不错的选择。尤其对于那些追求流行的客户,这一招经常可以起到作用。比如,你可以拿出产品的销售情况表,告诉客户:"您看,这是我们这个月的销售情况和客户反馈意见表……"这是产品畅销度最好的证明方法,客户自然会打消心中疑虑,购买产品的欲望也就更强烈。

3. 借助权威为产品打广告

销售员可以借用专家的研究或分析结果,也可以借用知名人物或企业的合作来强调产品的"品牌"。这种事例资料浅显易懂,真实可信,十分具有说服力。如:"某某500强企业一直在用我们的产品,到现在为止,已经和我们公司建立了5年零8个月的良好合作关系。"在说明的同时,用一些图片资料进行辅助证明,就能发挥出最好的效果。

客户对产品提不起兴趣,并不是客户不需要。很多时候,是我们没有激发起客户购买的欲望。此时,如果我们能和吉拉德一样,做足准备工作,收集各方面的资料,在与客户交谈时,为其摆出一些事实例证,那么,就可以激发客户对产品的信任度,从而让其放心购买。

了解销售环境,以便就地取"材"

从事销售行业,许多人总是羡慕那些成功者,认为他们总是太幸运,而自己总是不幸。而事实证明——好运气是有的,但好运气却偏爱那些做足准备的人。我们同样感叹乔·吉拉德在营销界的惊人成绩,但他为什么能成功?因为他有足够的热情,他投入了足够的精力,他每天早上5点起床,晚上11点睡觉,经常每天工作十六七个小时。很多和他共事的推销员感慨:"噢,我不要像乔·治拉德那样活着,休想"。但事实上,正是乔这种不灭的热情帮助他登上了"最伟大的推销员"的宝座。

这里,乔建议所有的推销员,在拜访客户前,最好事先对销售工作有所了解,这样不仅能增强销售人员的自信心,还能帮助我们找到与客户交谈的突破口。我们再来看看下面这位推销员的推销经历:

一个周六的早上,老年保健仪器推销员小林敲开了某客户吴先生的门。开门的正是吴先生。

进门以后,小林扫视了一下客厅,整个客厅,都有种古色古香的感觉。不一会儿,他抬头就看见满客厅的字画。很快,他就找到了与吴先生交谈的话题。

"哎哟,这字写得,我真不知道怎么形容听的好,吴先生,这是您从哪里弄来的墨宝呢?是市里哪位书法家的真迹啊?"

吴先生一听,顿时笑了起来,说:"你真是见笑了,这是我父亲写的,他比较爱好这些,平时没事就舞文弄墨。"

"看来我今天还真是来对了,令尊现在在家吗?"

"这几天他去省城的姐姐家了,估计过几天才会回来。"

"真是可惜了,我还想要是令尊在家的话,我想向他老人家讨要点他的字画呢!"

"哦,原来是这样啊,这个你可以放心,我可以做主,送你几幅。"

"你太谢谢您了。"

就这样,吴先生与小林就中国字画的问题聊了起来。聊到尽兴之时,小林突然装作乍醒的样子说:"吴先生,您看,我和您一聊到这里,就忘了我今天来原本是要想……不过,您不购买也没关系,我今天可是收获颇丰啊。"

"你说的是老年保健仪器?老爷子身体现在越来越不好了,我也没时间陪他锻炼身体,要不,你回头送一台过来吧。"

"好的,谢谢吴先生啊。"

案例中的客户吴先生为什么会如此爽快?很简单,这得益于销售员小林在提出销售问题上进行了一番语言的铺垫。在小林进门之后,他就对客户家的一些特点进行了一些观察,难道他真的不知道这些字画出自客户父亲?当然知道!他这样问,只不过是让自己的赞美显得更真实可信。于是,针对客户家的这些与众不同的"风景",小林与客户展开了一番深入的交谈,他很快便获得了客户的好感。此时,小林再提出自己拜访的真正目的,客户的抵触情自然少得多。而在这种情况下的小林依然不让提及自己"今天拜访收获颇丰",这就更加加深了客户对自己的良好印象。这时,客户再从自己的角度考虑,就很爽快地表明自己有购买需求。

的确,上门拜访顾客尤其是第一次上门拜访顾客,客户难免相互存在一点儿戒心,不容易放松心情。因此销售人员要特别重视用心说话,善于发现客户感兴趣的话题,从而让拜访在轻松愉快的环境中进行。通常来说,一个聪明的销售员会同时会有敏锐的观察力,他们很善于发现他们交谈的场所的特点,然后引导客户继续谈下去,进而顺利地把话题引导到销售上。

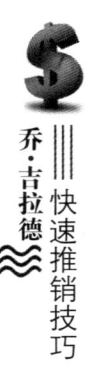

可能有些销售员会产生疑问,了解完销售环境后,如何就地取"材"呢?

1. 上门前先热身

在进行上门推销之前,你应先鼓励自己:"我能行!"这样有助于你鼓足勇气,向客户推销。

2. 进入推销场所后的注意事项

进入销售场景前的几分钟,你应该检查自己的着装,比如,如果不够整齐,就要整理一下,客户会注意到这种尊重的举动,对你更加热情。

另外,不要主动落座。记住,一个人的家或办公室就是他的城堡。如果你应邀进入他的城堡,你就是客人,所以要像个客人样,不要像个入侵者。

3. 抛砖引玉,先聊聊客户感兴趣的事

倘若你稍微留意一下,你会发现这样一些东西:比如,照片、奖状、唱片、动植物等,这些你可能忽视的东西却常常会引起客户的兴趣,因为这些东西对于客户来说,可能有纪念意义,或者是客户的爱好,所以,要提一提。认真询问,客户会欢迎的。如果你能引导客户为你一一介绍这些宝贝,他们会非常感激你,因为他们能从中得到乐趣。他们平时很少有机会这样做,这种感激会变为行动,他们会说:"好了,说了半天了,你也来介绍一下你的产品吧。"

4. 不忘赞扬对方

举个很简单的例子,如果我们邀请客人来家里做客,那么,我们势必会对家里整理一番,如我们会清扫庭院,喷一点空气清新剂,买来鲜花,拿出最精美的茶具。同样,无论是在客户的办公室或者家里,如果你发现你们所交谈的场所很优雅、整洁,就要说出来,真心赞扬,这样客户就会喜欢你,因为这种努力是为你而做的。同样,如果你发现客户的办公室干净整洁,也不要忘记称赞一番。

比如你可以这样赞美客户:"阿姨,墙上那照片是您儿子吧,看上去真英俊,一定是个知识分子,相信阿姨一定是个教育有方的好妈妈。"

但同时,我们要注意:赞美是一个非常好的沟通方式,但不要夸张地赞美,夸张的赞美只能给人留下不好的印象,如:"叔叔您真帅,就像周杰伦一样。"

作为销售员,应接受乔的建议,在推销前多多准备、了解销售环境,这样做的目的是帮助我们找到沟通的话题,让客户主动讲话,和我们进行有效沟通。

每天的销售总结都是对下一次的准备

俗语有云:"失败乃成功之母。"作为销售员而言,这句话不仅仅是一句至理名言,更应成为每个销售员的行动准则。因为在销售中,无时无刻不存在着拒绝,即使口才再好的销售员,也免不了失败。世界顶级推销员乔·吉拉德同样也是在经历了无数次的失败之后,才慢慢寻找到失败的原因,积累了属于自己的销售技巧。当然,除了不怕失败,还应该学会总结经验,因为每天的销售销售准备都是对下一次的准备。

乔·吉拉德把销售看做一门科学,是有规律的,而不是偶然和运气的事件。他认为,一个优秀的推销员是可以通过不断的实践和摸索,掌握它的规律从而取得好的业绩的。正是立足于这一点,乔·吉拉德才能取得如此好的业绩,他不凭借想象看问题,他用现实论的观点分析。乔·吉拉德提出的很多法则,其实都带有很强的实践性和规律性。例如当顾客说"我回去考虑考虑",这其实就是不买的信号。当顾客来到店里说"我随便看看"其实就是意味着他有很强的购买需求,因为一般人如果没有购买的欲望,是不会进汽车销售店"随便看看"的。

乔·吉拉德每天都会做记录和分析。他认为,我们总对自己的脑子太过自信,不愿意把每天的想法和活动记在纸上,从长期看,由于缺乏连续性的记录,自己就很难形成一套成形的想法,就无法总结出规律。必须定期的总结和分析,分析为什么做错了,为什么做对了,有没有偏离目标,有没有完成计划,做错的事情必须改正,而做对的则必须总结出规律并发扬。

从吉拉德的成功经验中我们发现,客观的自我评价能有效地帮助我们实现自我提升,同时也是以后工作的原动力。比如,你可以分析一下,以前遇到一个难缠的客户,成功推销的可能性很小,但你却做到了,到底什么使得你成功了?是哪一点做得比较好?再比如,你为什么会失去一笔很容易敲定的生意?这便是一种自我评价与总结。

作为为一名销售员,要想积累自己的销售经验,提升自己的销售能力,就必须每天不断地反思和总结,具体说来,你需要:

(1)为自己量身定制一个销售计划,并按计划实施。

(2)一旦发现了问题,就要及时记录下来。

(3)做电话访客记录,把客户平常提到的问题记录在本子上,然后反复去想怎么解答客户的问题。

(4)问题有轻重缓急之分,你需要做好分类。

(5)不忘学习,每天浏览一些销售事迹,多看一些有关销售或者激励人生的书籍或杂志。

(6)温故才能知新,晚上睡觉之前把当天学到的知识以及发生的事在大脑里过一遍,向老销售员寻找一些做销售的方法和经验。

既然从事销售工作,你就要明白,销售的前期是非常坎坷的,为此,你必须想尽一切办法克服,唯一的办法就是努力充实自己,让自己早一点独当一面,为此,你需要对每天、每周甚至每月的销售情况做以下总结:

(1)销售情况。每个阶段的销售工作结束后,你就应该静下心来,做一下总结工作,比如,今天卖出去了多少产品,完成了多少业绩,距离完成这月的销售额还有多少等。

(2)值得借鉴的经验。如果你今天成功推销出去了产品,那么,你一定要弄清楚你成功的原因。在大的方面,可能是你收集到的客户的信息起了作用,所以要分析你又是如何成功挖掘到新客户的。而在小的方面,要分析你是如何处理价格异议的、怎么与客户打开沟通渠道的……记住,要把每一次与客户的交流记录都记录下来,这样下一次沟通时都能做到清晰准确,目的性很强。

(3)不足之处。比如,对产品的卖点还没有透彻的理解,销售准备工作做得不够,没有帮助客户打消疑虑,没有做好客户管理工作等。

总之,一位优秀的销售员,必然能做到反思以往的工作,总结出成功的经验与失败的教训,并能将以后的工作做得更好。无论我们以前的销售工作是成功的,还是失败的,都应该认真地加以分析、解剖,从中总结经验与教训,以达到事半功倍的效果。而事实上,现实推销工作中,一些销售员为了也会经常做总结,但他们的初衷则是为了应付交差,工作总结华而不实,这样,又怎么能真的进步呢?

同类产品的相关材料亦要具备

作为销售员,你是否遇到过这样的情况,当你向客户推销,并陈述产品优势时,对方却告诉你:"我已经从你的竞争对手那里得到一个很好的价格了。""你所提供的产品及服务都很好,但是我很满意我现在的供应商。"此时,你或许会想,我要是能提前收集到这些同类产品的材料,便能找出竞争对手的破绽。可是,"事后诸葛亮"又有什么用呢?可见,在推销员的准备工作中,除了对客户信息的掌握、对自身产品的熟识,你还必须准备同类产品的相关资料,才能应付与客户沟通中出现的这一类似问题。

推销大师乔·吉拉德认为,知己知彼,百战不殆。这里的知己知彼,指的是对三个方面的了解,即客户的需求、对手的现状、自己的情况。这三个方面看似很简单,但一切决策的失误,都来源于对这三个方面的不了解。

乔·吉拉德说过,他对信息的依赖是制胜的法宝。例如价格,他可以向每一位前来购车的客户保证,如果客户能买到更便宜的车,那么,他将会白送一辆给客户。乔为什么这么自信?因为他已经对市场行情做了充分的了解,他知道,对手都开不出比他价格更低的价格。他通过询问,听顾客的回答,能够得到充分的信息,这些信息使得他的成交率一直维持在很高的水平。

吉拉德告诉每个销售员,要想成功推销,就必须掌握足够的信息,这其中就包括竞争对手,也就是同类产品的信息。

现代社会,各行各业竞争日益激烈,销售行业亦是如此。作为营销人员,在向客户推销产品的时候,如果不能做到对同类产品了如指掌,那么,就无法说服客户购买。掌握对手情况主要是掌握对手的售后服务和发展速度怎样,产品的真正价格是多少,对手在销售中的弱点,等等。

那么,具体来说,我们该如何做这一准备呢?

1．市场调查法收集资料

销售前期,对整个市场深入细致的了解和调查研究,能帮助销售员找到推销的方向。而这场细致的市场分析中,最重要的莫过于对竞争对手的了解。古人云:"知己知彼,百战百胜",对竞争对手做到细致入微的了解,才能帮助我们做出更全面的销售决策,才能帮助我们抵御来自竞争对手的"攻击"。

依据经验,营销人员需要做好竞争对手调查项目,需平时做好对行业排名靠前企业动态信息的长期跟踪积累。这其中包括:

(1)在跟踪调查一段时间后,要有实效。比如,你要明确勾画出各个跟踪对象的业务管理模式,并以此为基础,对该对象的动态信息进行有效的归类管理。

(2)关注企业动态,了解其市场行为与表现。无论在企业管理还是经营上,都有自己的特点,而这些特点通常都外显在市场行为上。

(3)分析、整理收集到的信息。如果不能进行分析,一个满是信息的数据库也没有用,因为原始信息本身是没有多少价值可言,唯有处理这些原始信息的能力才会产生价值。

(4)我们获得竞争对手信息的方式有很多途径,通常来说,有供货商、客户、政府统计、银行、投资银行等。需要指出的是,在获得这些信息的同时,你不可"全盘接收",以报纸、时尚杂志上刊登的文章为例,这些文章则往往夸大其词,目的是提升企业在公众心目中的形象。另外,对于不够成熟的行业来说,统计资料的可靠性较差。所以,需要仔细考察信息的来源,并从中发现事实。

(5)在大量占有和综合分析案头资料数据的基础上,调查机构才能更好地理解客户的调查目的、内涵和外延,为实地调查创造良好的条件。

这里,在对竞争对手的了解上,我们如果能做到:列出谁是竞争对手、描述竞争对手的状况、掌握竞争对手的方向、"破译"竞争对手的战略意图、引导竞争对手的行为,那么,我们就能对竞争对手做出一番比较全面的了解了!

2. 与客户沟通时,巧作对比,对同类产品的优缺点如数家珍

用对比的方法,能突出产品的特点和优势,对于说服客户有很大的作用。一般来说,我们在对比的时候,可以进行同类产品的价格对比、价值对比等,无论是哪种方法都是在传递同一个信息,那就是产品的优势。通过对比产品的性能、价格、服务等方面,来强调优势和特点,让客户找到最满意、最适合的产品,从而加深客户的购买欲。

总之,推销员在推销产品之前,除了要"知己",还要"知彼",也就是说,除了对自己的产品有很深的认识外,还应充分了解竞争对手的产品及销售情况。很简单的道理,只有洞悉对手的弱点,才能在竞争时,攻其要害,成功抓住争夺客户的机会;相反,如果你太过盲目,不但争夺不到竞争对手的客户,还会让他们对自己的产品产生怀疑,影响公司的形象。而如果能做到以上这些,销售员在介绍自己产品的时候,就多了一个胜利的筹码!

第 5 章

用心接待,投入地观察能抓住有效信息

"如果你想要把东西卖给某人,你就应该尽自己的力量去收集他与你生意有关的情报……"

——乔·吉拉德

一般来说,客户都会隐藏自己内心的真实想法,以保护自己的利益,因此,这就需要我们销售员做到即使客户不说话,也能从他们的表情、动作甚至服饰等方面来加以判断和解读。推销大师乔·吉拉德曾说过:"我有一个特点,就是我了解人,我甚至知道你现在想什么。当你走进来时,我观察你的眼睛、你的嘴唇。与你握手时,我感受到你的感觉。你的身体在和我对话。"作为销售员的我们,如果能够感觉敏锐、眼睛锐利,并能和乔一样,及时捕捉到那些有效信息,那么,与客户的交往也就容易得多了。

话里有话，试着揣摩顾客的心

作为销售员，我们必须承认一个事实，那就是，有销售就有拒绝。销售中的平均成交率约为10%。也就是说，10个人中有9位说"不"。有时候，销售员磨破了嘴皮子，客户还是不为所动。这是为什么呢？有时候，销售员自认为自己已经阐述清楚了产品的优势，但客户还是觉得产品缺点多多。这又是为什么？其实，如果你暂且搁置一下销售活动，转而分析一下客户的的真实想法，你会发现，之所以会出现这样的情况，是因为你与客户的内心世界南辕北辙。那么，我们又该如何探寻客户的真实想法呢？聪明的销售员多是运用语言交谈法加以引导。

小马是一名汽车推销员，在一次汽车展会上，他结识了一位客户。通过对这位客户的言行举止的观察，小马分析这位客户对越野型汽车十分感兴趣，而且其品位极高。后来，小马几次试图约客户出来坐坐，就一些关于越野车的问题谈谈，但是客户总是以各种理由推脱，总是说自己工作很忙，周末则要和朋友一起到郊外的射击场射击。

小马终于发现，原来客户还喜欢射击。经过打听，这位客户曾经还是一名射击冠军。于是，小马上网查找了大量有关射击的资料，一个星期之后，小马不仅对周边地区所有著名的射击场了解得十分深入，而且还掌握了一些射击的基本功。再一次打电话时，小马对销售汽车的事情只字不提，只是告诉客户自己"无意中发现了一家设施特别齐全、环境十分优美的射击场"。这一个周末，小马很顺利地在那家射击场见到了客户。小马对射击知识的了解让那位客户迅速对其刮目相看，他大叹自己"找到了知音"。

在返回市里的路上，客户主动表示自己喜欢驾驶装饰豪华的越野型汽车，并对一些造型别致、性能好的越野车都进行了一番阐述。小马认真地听着,等到客户提到"说实话,现在市场上的汽车在档次与品位上做得实在……"时,小马立即接过话茬儿:"我们公司正好刚刚上市一款新型豪华型越野汽车,这是目前市场上最有个性和最能体现品位的汽车……"

案例中,我们可以看出,销售员小马是精明的,当他发现直接从客户爱好的越野汽车入手并未见到成效时,就转换了一个角度——射击,当他与客户产生共鸣后,客户对他的戒备心也就消除了。此时,当客户谈及自己最喜欢的越野汽车并阐述自己的观点时,小马能巧妙地接过客户的话茬儿,把话题转入到销售问题上,一场有着良好开端的销售沟通就这样完成了。

通常来说,人们之所以会本能性地对推销员的的建议拒绝,是因为人类的天性是不爱冒险的,人们很多时候对陌生的推销员的推脱就证实了这一点,他们不愿意立即决定购买,是因为他们不愿意冒可能犯错或后悔的风险。即便明知购买是正确的选择,由于缺乏决策的信心,人们仍旧会选择推脱,等明天或者以后再作决策。面对这样的情景,作为销售员的你,也可以和乔一样,进行提问,对客户试探一番,如果客户有购买意向,那么,就应该引导客户,最终购买。

那么,我们该如何引导客户呢?

1. 二选一的式提问

二选一的提问方式,会让销售员在无形中给客户做了购买的决定。很多时候,如果销售员发现客户已经有购买意向,但却迟迟不做出决定,此时,你可以对客户使用这样的提问方式。

一位保险销售员去拜访客户,见到客户时他说:"保险金您是喜欢按月缴,还是喜欢按季缴?"

"按季缴好了。"

"那么受益者怎么填?除了您本人外,是填你妻子还是儿子呢?"

"妻子。"

"那么您的保险金额是20万呢,还是10万呢?"

"10万。"

2. 引导式提问

当客户左右迟疑、犹豫不决时,你可以用一些套话的问题来引导一下客户。比如:"你已经决定订我们的产品了吗?"千万不要问成:"你是不是要订我们的货了?"因为你要问的问题是要带假设性质的,客户只要一回答,答案就明了。

3. 站在客户立场上说话

在面对客户说"需要考虑"时,乔并没有继劝客户购买,而是站在客户的角度说话,道出自己在购买产品时的切身感受,从而制造出了惺惺相惜心理。因此,我们对于某些敏感性问题尽可能地避免,如果这些问题的答案确实对你很重要,那么,你不妨换一种说话方式。

另外,我们在引导客户的时候,在语言上一定要体现出对客户的尊重,因为一个让客户反感的销售员是无法达成销售交易的。

发现客户的眼神与微表情

俗话说:"三百六十行,行行出状元。"从事财务工作的人,通常善于在经济上精打细算;医务工作者,在日常生活中更注重养生之道;而作为推销员,需要自然要学会识人的本领。这里的识人,指的是探寻客户的信息。当你与客户的接触的第一刻起,你一定要先探求视觉上的信息。客户是什么模样?他的整体外表、衣着打扮如何?开什么车?对待同事的方式如何?你也要注意极细微的小地方,如手指甲、头发、鞋子、手上戴的戒指和手表,等等。如果你能做到如此灵敏,那么,你是比较适合做推销的。

更有一些推销高手,厉害到能把见过的陌生人从头到脚如数家珍地把二三十样的小事物描绘出来,甚至包括的眼神与微表情,即使跟他相处时间极其短暂。这种只看几眼就能迅速记住细节,然后归纳出客户模样,形容得头头是道的观察本领,便是其成功推销的杀手锏,这一点,也是世界顶级推销大师乔·吉拉德告诫每一个推销员要做到的。

我们先来看看销售员小王的销售经历:

小王:"您好,很高兴为您服务。"

客户:"您好,我是××公司的××,我们是一家新成立的公司,我想咨询一下关于制作企业网站的费用问题,可以吗?"

小王:"当然可以。我们公司就可以给您做这方面业务,我们还可以在网络中介为您公司产品推广。我们有7600家行业网站联盟,还有情报跟踪、首页推广、直达等功能。"

客户:"那多少钱?"

小王:"一年9800元。"

客户:"太贵了。"

这会客户在说"太贵了"的时候,眼神很快从销售人员身上移开了,甚至都不敢看销售人员的眼睛。而这位销售人员却没有察觉到顾客的表情。

小王:"这还贵呀,那你希望多少钱呀?"

客户:"我暂时还不需要。"

小王:"那你什么时候需要呀……"

还没等导购员说完,这位客户已经走远了。

可能很多经验不足的销售员都会遇到这种情况。很明显,案例中的销售员的方法是无效甚至是失败的。聪明的销售员都明白,这种情况下,顾客称"不需要",完全是拒绝的借口而已。因为他的动作已经出卖了他,他不敢正视销售员,甚至故意躲避销售员的目光,那表示他的回答是"言不由衷"或另有打算。真正让顾客拒绝的原因是价格问题:一年9800元对于顾客来说太贵了。如果销售员能就这个问题,重新与顾客周旋的话,估计情况会有所不同。

在销售过程中,拒绝是经常发生的。对于拒绝,销售人员应调整好自己的心态,不要因为客户一次的拒绝而退缩,要自信、真诚地向客户讲解,找到客户拒绝的原因,解开心结,最终达成交易。因为往往客户拒绝真正的原因是客户暂时还不愿与销售人员达成交易,他们的潜台词是:"你还没有说服我"。所以,销售人员一定要分辨出客户的拒绝是真心还是借口,唯有如此,才能有针对性地采取下一步行动。

那些经验丰富的销售员,由于有深刻的洞察力,一般都能从客户在整个商谈过程中表现出来的表情、动作、语言及神态上,准确地把握客户拒绝的真实心理。一般来说,他们会从以下几个方面入手:

1. 发现客户的眼神变化

(1)顾客突然瞳孔放大、目不转睛,那么,说明你的话起作用了,他开始考虑你的建议了。

(2)你提问后,客户开始逃避你的目光,左顾右盼,说明他言不由衷。

(3)无论你说什么,客户总是面无表情,这是一种拒绝信号。

2. 从客户的表情洞悉拒绝

人们的面部表情是丰富的,不同的面部表情,表达的含义是不同。人们常有"眉目传情"一说,也是人表情语的效果,有时候,甚至一个简单的眼神就能传递出一个人的内心状态。因此,销售员在与客户沟通的时候,可以通过微表情判断出客户是否发自内心的说话。

(1)始终不愿意开口。无论销售人员对客户怎样说服,客户始终一言不发,无动于衷,这就说明客户对你的产品毫无兴趣,这时,销售人员可以礼貌地与其告别,不失风度地离开。

(2)对销售人员不理不睬。客户做出这种姿态的含义在明显不过,他不愿意再听你讲下去。

(3)顾客顿下颚,表示已经接受你的意见。

(4)顾客皱眉,表示质疑你的观点。

（5）顾客紧闭双目，低头不语，并用手触摸鼻子，表示他对你的问题正处于犹豫不决的状态。

（6）顾客不时地看表，这表明客户已经不想在听你继续说下去或者有事在身，这是一种间接的逐客令。

销售中，客户会以各种各样的理由为借口对销售员加以拒绝时，这是因为客户不想把自己真实的想法告诉销售人员。在这种情况下，我们需要察言观色，发现客户的眼神和微表情，推测顾客的内心活动，捕捉顾客的购买信息，认真分析客户拒绝的理由，找到根本原因，想出应对之策，从而扭转客户的态度。

客户的神色正在表达他最重视什么

俗话说："眼睛是心灵的窗户"，一个人的内心世界通常都会或多或少地体现在神色上。实际上，细心的销售员会发现客户的每一种表情和动作都有一种潜在的含义，尤其是那些神色的变化，会帮助销售员从人们的购买习惯中发现一些有价值的信号。关于这一点，推销大师乔·吉拉德曾说过："我有一个特点，就是我了解人，我甚至知道你现在想什么。当你走进来时，我观察你的眼睛、你的嘴唇，与你握手时，我感受到你的感觉、你的身体在和我对话。"为此，作为销售员，如果我们也能观察到眼神这一可见的信号，那么，这对于了解客户的真实需求将大有裨益。

我们先看看看下面这一销售场景：

客户："价格真的太贵了！我看我还是不买了。"这位小姐一边说着一边拿起一套化妆品，挑选了很久的她终于停下了脚步。为其介绍产品的是销售员小李，小李听到客户这样说，并没有放弃推销，因为她发现了一个很小的细节：客户看到这款化妆品时，突然睁大了眼睛，也没有再看其他款了。

于是,她尝试着问:"小姐,那您认为贵了多少钱呢?"

客户:"至少是贵了500元吧。"

小李:"小姐,您认为这套化妆品能用多久呢。"

客户:"这个嘛,我比较省,怎么也要用半年吧。"

小李:"如果用原来牌子的化妆品,要用多久呢。"

客户:"原来那个两个月要买一套吧,因为效果不太明显。"

小李:"这样吧,您看原来那个牌子的化妆品是200元一套,可以用两三个月,我们按照三个月计算,您半年需要花400元,但是小姐,实不相瞒,我们这种化妆品如果您比较省,至少可以用一年,这是所有客户共同得出的经验,由于它所含的营养成分比较多,所以只要稍微用一点,就可以了。"

客户:"真的是这样的吗?"

小李:"这是我的客户共同的见证。这个周末您有时间吗?我已经约了所有客户举行一个联谊会,希望您也能参加。"

客户:"这样啊,好,我相信其他女孩子的眼力……"

这则案例中,我们发现,化妆品推销员处理客户异议的方法很值得我们学习。这里,她之所以能判定出客户的反对意见"我看我还是不买了"并非真实想法,是因为她观察到客户的眼神变化:客户看到这款化妆品时,突然睁大了眼睛,而且没有再看其他款了,这是一种心有所属的表现。

人们所表现最显著、最难掩的部分,不是语言,不是动作,也不是态度,而是眼睛,言语动作态度都可以用假装来掩盖,而眼睛是无法假装的。我们看眼睛,不重大小圆长,而重在眼神。深层心理中的欲望和感情,首先反映在视线上,视线的移动、方向、集中程度等都表达不同的心理状态,观察视线的变化,有助于人与人之间的交流。爬上窗台就不难看清屋中的情形,读懂人的眼色便可知晓人们内心状况。

因此,最能表明客户内心的莫过于客户的眼神,而我们便可以从中探寻到一些购买信息,如果客户觉得你的产品很有吸引力,对产品很感兴趣,他的眼中就会显现出美丽而渴望的光彩。例如:当你提到这件商品能为客户带来某种利益或者为客户节省大笔金钱时,客户的眼睛如果随之一亮,就代表客户的认同点是在获利上,此时客户正显露出他的购买讯息。可见,是否能从客户的眼神变化看到客户的内心世界,是一个推销员辨别能力的重要部分。

那么,一般来说,我们能从客户的眼神中读出哪些信息呢?

(1)你在说话时,如果你的客户面带笑意,眼神恬静,那么便表明他对你的话很受用,为此,你不妨多说些恭维的话。然后,当客户被你夸得飘飘然的时候,你便可以提出成交要求,这也是个好机会,相信一定比平时更容易满足你的希望。

(2)如果你在说话时,客户眼神上扬,便可表明他对你的话不屑一顾,此时,你说得再多都是无用功,你不如戛然而止,另辟蹊径。

(3)如果你的客户已经开始环顾四周,那么,便可表明他对你的话已经开始厌倦了,此时,你应该赶紧告一段落,另选话题,从对方感兴趣的地方入手。

(4)当你的客户有以下神色时,表明他是乐于并专注于倾听你说的话:

①眼睛眯成缝,或者看着你说话时眼睛眨都不;

②嘴角向后拉起,或是嘴呈半关状态的样子;

③随着讲话的内容,表现出各种表情的时候(因为他正听得入迷的关系);

④随着讲话人的动作或指示而转移他的视线。

这时,千万不要打断客户的情绪,更不可以瞪着大眼看着客户。因为这都会打扰客户,使客户转移视线;而原本打算购买产品的他,也可能因为你的打扰而放弃。这时你就得和开始一样,再用亲切的口气,重新一步一步地诱导对方,使他再度产生购买的兴趣。因此,你在同客户交谈时,对客户应

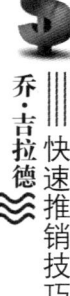

对态度的忽然改变要提高警觉。

当然,在实际销售中,客户表现出的神色可能多种多样,每个销售员也有自己独特的一套观察客户内心的方法,然而,无论客户的表现是什么,我们都要积极认真地对待,排除客户的反对意见可以助你走向交易的成功!

瞬息的表情透露的是顾客的真心

生活中,我们偶尔会听到这样一个名词——微表情。微表情的概念最早是由美国心理学家保罗·埃克曼在1969年提出的,后来随着美剧《别对我撒谎》而流行起来。微表情,是心理学名词。人们通过一些表情把内心感受表达给对方,在人们做的不同表情之间,或是某个表情里,脸部会"泄露"出其他的信息。当面部在做某个表情时,这些持续时间极短的表情会突然一闪而过,而且有时表达相反的情绪。也就是说,人们的微表情的表露可能会下意识地表露出他的真心,为此,我们可以以此为突破口来察看一个人真实的内心世界。

销售过程中,我们发现,客户出于某些目的,比如价格异议,对产品不满意等,他们不会直接向销售人员道明自己的想法。此时,销售人员可能会觉得无计可施。而实际上,语言并不是了解一个人内心世界的唯一方法,如果我们能洞察客户的微表情,同样可以读懂客户心思,从而让销售更为顺利。

当人们问到推销大师乔·吉拉德:"对于一个推销员来说,如何让客户去接受您的产品呢?"他的回答是:"一个出色的销售人员应该学会观察客户、了解客户,明白他脑袋里想要的东西。当客户走进来的时候,你观察他的眼睛、嘴唇;和他握手时,你要感觉自己的身体在和他对话。有一次,一个人来我的办公室,我注视他的眼睛,他的嘴唇。他的眼神很紧张,嘴唇紧闭,充满着紧张与恐惧,害怕得直打哆嗦。我看着他的眼睛和嘴唇问他:'先生,我能为您做些什么?当我问话的时候,他的嘴唇开始张开,眼角的恐惧也渐渐消失。'"

我们再来看看下面这位推销员一次推销经历:

王晓是学市场营销的,毕业之后,他在一家化妆品卖场担任男士化妆品的推销员。他很会察言观色,因此推销的业绩非常的好。

这个周末,卖场来了很多消费者,当然也不乏男士。尽管人很多,但忙碌的王晓还是在人群中发现了一个特殊的男客户:他大概三十多岁,一身简单又名贵的穿着。来到卖场,他一句话不说,只是不停地看化妆品。

面对这样的客户,几个推销员在得到"爱搭不理"的回应后,就不再招呼他了。而王晓则发现这个客户有个特殊的动作——他在看推销员为其他客户介绍产品的时候,总是盯着销售员看,并不说话。

王晓知道这种客户一般猜疑心重,对于推销员的话不相信,才会有这样的表情。于是他只是站在不远处,并不做过多的介绍,等这个男人抬头寻求帮助的时候,他才过去帮忙介绍产品的功能和价格。很快,这位客户购买了商品匆匆离开了。

这则销售案例中,在其他推销员无计可施的情况下,推销员王晓并没有贸然推销,而是先观察客户,从客户的肢体语言——总是盯着销售员看,并不说话,判断出客户不理睬推销员是因为其疑心重。于是,在客户需要帮助的时候才过去帮忙介绍产品的功能和价格,从而顺利把产品推销出去。

从这则案例中,我们发现,客户有各种不同的性格心理,即使同样的客户,在不同的情况下,也会出现不同的心思,而客户一般不会直接告诉销售员他们内心的真实想法,这就需要善于察言观色,要从他们的微表情准确把握,然后针对不同心理采取不同的措施。对此,我们需要从客户的微表情和肢体语言两个方面把握:

1. 不停地眨眼睛

客户有这样的微表情,那么,表明他对你的话表示蔑视和嘲笑,甚至觉得你的话可笑,此时,你就不可继续侃侃而谈,否则,不但没有任何效果,而且还会引起顾客的反感。

这时,你就要积极地改变策略,转移话题,重新想办法说服顾客。当你发现顾客眨眼睛的频率变快的时候,说明你的说服起到作用了,客户开始动心了。

2. 斜视你

客户斜视你的情况不可一概而论,有可能对方对你很感兴趣,是下一步合作的前兆,也有可能表示顾客对你很厌烦,对你怀有敌意。这两种心理我们可以这样区别:

一般情况下,如果客户斜着眼睛看你时,眉毛轻轻上扬或者面带微笑,说明顾客认可你,对你所说的话感兴趣。这时候要适当的抓住机会,提出和对方签合同的要求,成功的概率很大。而如果当对方眉毛压低,眉头紧缩或者是嘴角下拉,说明客户对你不信任或者是心存敌意。出现这种状况的时候,你就要想方设法消除顾客心中的疑虑和不快,重新把顾客的眼神拉到自己的身上来。

3. 盯着你看

客户盯着你看,大部分原因是对你的质疑,对你所说的话表示怀疑。这时候你如果解读错了,无形之中就把顾客和你对立了起来,试想,顾客怎么可能和你合作呢?

4. 喜欢点头和摇头

这类客户一般自我意识都比较强,他们一般不轻易和人合作,一旦决定合作,就会负责到底。因此,遇到这样的客户,销售员一开始要花大力气去攻心,但是只要做下来,对方就是你忠诚的客户。

可见,一个人的语言可以掩饰自己的内心世界,但他的微表情可能会出卖他的真心,从这些入手,作为推销员的我们就能一眼洞察客户的内心世界,从而方便自己进行下一步的销售工作。

装扮服饰暗示顾客的需求与品位

生活中,我们经常会听到推销员抱怨说:"现在的顾客真是难伺候,一点也不配合,问他需要什么,他们不肯说,要么免开尊口,要么说'随便看看',要了解他们的具体需求,很难。"实际上,正是销售难度的存在,才体现了导购员的存在价值。一名出色的推销员,总是能从销售的瓶颈中找到出口。他们通常都具备敏锐的观察力,当他第一眼见到客户,就能通过观察,大致判断出顾客的身份、地位、性格等大致信息,因为人的内在会或多或少地外显于众——服饰装扮上,然后他们会进行一些有针对性的推荐和试探,满足顾客的购买需求,进而达成交易。

推销大师乔·吉拉德曾说过:"当一位服饰鲜昂、珠光宝气的顾客走进我的展销大厅时,我就知道她可能更喜欢买那种刺激、新潮的车。或者,如果我在客户的办公室或家里看到摆放着许多小玩意儿的话,我就知道他会乐意买一辆挂有艺术品的车。当然,这一切都仅仅是我心底隐隐约约的预感。在实际推销中,我会保持灵活,只有在更多更深地了解了客户之后,我才会尝试使生意成交。"他同时告诉所有的推销员,成交才是销售的最终目的,而能否成交,很多时候取决于客户是否有足够的购买力。客户有购买需求、有购买权,但是没有购买能力,我们依然无法成功地推销出产品。一般来说,根据人们收入多少的不同,购买能力也不同。比如你的产品是奢侈品,大多数年轻人都喜欢高档消费,但是月工资只有1000元的人是没有能力购买的。而那些高收入的金领或老板,则具有较高的购买能力。假如你的产品是家庭方面的,那么家庭主妇则是最具有购买能力的。此时,客户的服饰装扮就是我们猜度客户的购买力的重要突破口。

一天上午,某汽车店内来了一位妇人,衣着大方,气质高贵。经理查理

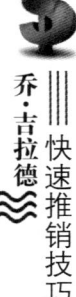

判断出，这位太太应该有一定的身份地位。在妇人把她那辆旧车开进对面那家汽车销售门面的时候，汽车4S店的销售经理查理就已经看到了，查理很明白，这位太太估计已经有选中的车了，但他还是决定试一试。

"欢迎光临，请问太太有什么需要吗？"

"我只是随便看看，我在那家店已经有看中的车了，只是那家店的经理还没来，我催了一会了，他说还要我等会儿，今天是我五十岁的生日，我想换辆车来当做生日礼物送给自己。"听到这话后，查理对身边的秘书悄悄说了几句话，就转身对妇人说："请您跟我到办公室坐会儿吧，您看好吗？"

这时，秘书进来了，手上还拿着一个很大的蛋糕，并交给查理，查理把它递给妇人:夫人，祝您生日快乐！"看到礼物，妇人高兴极了，脸色也马上好起来了："真的太谢谢了，这是我丈夫去世以后，我第一次受到这样的生日礼物，可是，你知道吗？当我开着这辆老车来找那个经理的时候，他居然对我很冷淡，还让我等了这么久，他还建议我分期付款，可能是觉得我没钱吧。我看你们的车也很不错，我看就在你们店里买吧，我一次性付款……"

最后，这位妇人购买了查理店里最贵的一辆车。

这则销售案例中，汽车销售经理查理在观察了这位妇人的服饰装扮后，得出妇人有一定的身份地位的结论。尽管妇人开着一辆老车，尽管他已断定妇人已有中意的车，但他还是抱着试试看的态度，热情为妇人服务，并以美丽的蛋糕打动了妇人，进而让妇人改变了注意，选择了购买他的车。而相反，对面那家汽车销售店面的经理，却过于以"车"取人，妇人开的是老车，就认为妇人无力购买，甚至建议妇人分期付款，当妇人上门时，却让其一等再等，最终失去了这笔生意。

的确，我们发现，客户的购买能力和我们的推销工作有很大的关系。在销售前，销售员必需要对客户的购买状况进行一番了解，其中最重要的就是顾客的经济水平，然后才能进行针对性的销售，这样才能事半功倍。

对此，有两个检查要点：

1.根据客户的服装、服饰判断

推销员通过观察客户的服饰打扮,大体上可以知道客户的职业、身份及购买力水平。一般来说,穿戴服饰质地优良、式样别致的客户,应该有较高的购买能力。而服饰面料普通、式样过时的客户多是购买力水平较低、正处于温饱水平的人。那些穿着都是名牌、服饰讲究的客户,一般经济收入都较高,比较崇尚成功的感觉。因此可以推荐高档产品,强调"像您这样生活有品味的人,就应该享受高档的生活"满足他那种成功人士的感觉。

当然,我们除了观察外,还可以通过提问来核实我们的判断,比如,你在向顾客推销一件衣服的时候,你可以先这样说:"您这件衬衣真好看,很显您的气质,在哪里买的,价格一定不菲吧?"根据顾客的回答,你大致就可以看出顾客的购买力了。

2.根据顾客皮肤、发式判断

假如顾客皮肤保养非常好、发式时尚,可以判断他的经济收入较高,可以推荐中高端产品。

俗话说:"知己知彼,百战不殆。"做销售也是如此,销售员应该对客户有一个全面的整体性的评估。从公司数据库、上司、同事和你所有的关系网中调出客户的相关信息,然后对这些信息进行认真的综合分析。只有对客户进行全面的分析,站得更高,才能看得更远。

总之,导购员在对客户进行说服时,首先要弄清顾客的经济水平,才能分析顾客为满足自身需要能够接受的价格水平。

嘘寒问暖中发现客户的意愿

人都是情感的动物,都会受到周围环境的影响。客户也不例外。销售中,面对客户,如果我们能先放下销售,只从关心客户的角度,对客户嘘寒问暖，打开客户的心结，那么客户是愿意主动向我们诉说内心的真实需求的，销售成功的概率无疑会大大提高。与冷冰冰的销售言辞相比，热情、充满关爱的关怀有时更容易打动客户。这是因为，销售话题太具功利性，而聊家长里短则更显得平易近人，会拉近我们与客户间的距离。

推销大师乔·吉拉德之所以能在销售界有如此成就，其中有条重要的秘诀，那就是关心客户。无论是售前还是售后，乔总是为他们送去关心和问候，于是，他既能留住老客户，又能吸引新客户，生意越做越大，客户也也来越多。

推销员敲开某住户的门，与女主人对话，当他说明来意后，对方的回答是：

"我们现在不需要。"

"没关系的，您现在很忙吗？看得出来，您虽然很忙，脸上却一直洋溢着幸福的笑容，您的家庭一定很幸福吧。"实际上，女主人并没有笑，但听到销售员这么说，女主人居然笑了。

"噢，谢谢！我的确挺幸福的。"

"您丈夫对您一定也非常好吧，我看到屋内挂的全家福了。我知道您先生是一位事业成功、在业界有影响力的优秀人士。那句话说得没错'每一个成功的男人背后都有一个伟大的女人。'"

"呵呵，哪里啊。我也没有对他的事业帮到什么忙，只是每次他回到家里，能吃到热气腾腾、可口的饭菜，能换上干净的衬衣，能看到可爱的孩子。"

"是啊，这就是一种幸福啊……"聊着聊着，女主人已经沉浸在幸福里了。

"其实，我们对你的产品还是挺感兴趣的，等我丈夫回来后，我们一块儿去你那里看看产品。"女主人居然主动提到销售的事。

"好，谢谢！这是我的名片。"

案例中，这位销售员在被女主人拒绝后，仍然保持良好的态度，并对客户说了一些"动情"的话,从而试探出客户是一个感性的人,接下来,他便从情感的话题入手,谈到女主人的丈夫、家庭,对女主人嘘寒问暖,从而获得了客户的认可,让客户承认"我们对你的产品还是挺感兴趣的",挽救了销售局面。

可见,在与客户交流前,如果我们能主动找一些情感话题,对客户说一些动情的话,想客户所想,忧客户所忧,那么,便能让客户对我们敞开心扉。每个人的心中都会留有一片空地,专门为情感打结所用,这就是人们所说的"心有千千结"。推销员并不是情感专家,也不是心理学家,但销售员必须知道,这结是情感的结,推销中要注意把握情感,做情感的舵手。

那么,在销售中,销售员该如何做到嘘寒问暖,以此来感动客户呢?

1. 保持微笑

美国著名女企业家玫琳·凯说:对每个推销人员来说,热情是无往不利的,当你用心灵、灵魂信赖你所推销的东西时,其他人必定也能感受得到。笑容始终是销售人员最打动客户的地方,而客户也总是对那些面带微笑、热情的销售员青睐有加,客户总是会把热忱和人的其他品质联系在一起,比如真诚、善良等,因此,热忱的态度是一个优秀的销售员不可或缺的素质。可以这么说,如果没有热忱的态度,销售成功的概率也就十分渺茫了。热忱,是指一种精神状态,一种对工作、对事业、对顾客的炽热感情。

所以说,作为销售员,我们要时常把热情变成一种习惯,学会微笑,用真诚的微笑去感染他人。经常锻炼脸部肌肉,随时都能露出笑脸。

2. 始终诚恳表达

吉拉德曾说:"所有最重要的事情,就是要对自己真诚,并且就如同黑夜跟随白天那样地肯定,你不能再对其他人虚伪。"

要知道,没有人愿意与一个狡诈的人合作的,因此,在与客户沟通的过程中,销售人员一定要诚恳地表达,做到恰如其分,符合双方的身份,更要做到句句肺腑,客户才能感觉到你值得信赖。不然,就会引起客户的反感。

3.说话要柔和亲切

亲切也是销售员说话时必须要做到的,这样才能使客户感到愉快,从而对销售人员产生信任。热情的语言也决定了态度的热忱。

尽管销售员和客户之间存在着利益关系,但是尽管如此,这种利益关系并不是赤裸裸的金钱交易。其中还包含着人与人之间的温暖和真情。销售员要多关心客户的生活,关注他们身边发生的事情。这样,无形之中就会渗透到客户的生活中去,用情感温暖客户。

第6章
专业展示,用点心思让客户更信赖

"人们都喜欢自己来尝试、接触、操作,人们都有好奇心。不论你推销的是什么,都要想方设法展示你的商品,而且要记住,让顾客亲身参与。如果你能吸引住他们的感官,那么你就能掌握住他们的感情了。"

——乔·吉拉德

现代社会,随着商品的极大丰富,也导致了销售行业竞争的日益激烈。各种商品,千奇百怪,应有尽有,这无疑给销售员的工作带来了难题。如何为客户展示出产品与众不同的品质,如何让客户对产品产生信任,就成了销售员们工作的重点之一。而乔·吉拉德最常用的销售方法就是推销"汽车的味道",这也给所有的销售员们一个启示:展示产品,就要别出心裁,让客户亲身感受产品的效果,才是让客户心服口服的最佳方法!

独特理念，吸引更多人观看展示

现实销售中，很多销售人员都有这样的疑问，为什么我热情地敲开客户的门，却总是被客户无情地拒绝？而为什么有些销售员一开口，就能抓住客户的神经，让客户跟着自己的思维走呢？如果有这种情况，你不妨反思一下，你是不是对客户进行千篇一律的推销："您好，请问您需要……"这样推销只有一个结果，那就是拒绝。的确，那些优秀的推销员，总是能出其不意，用与众不同的点子吸引客户的目光，甚至能吸引更多人观看展示，从而有利于进一步推销。

在日本东京的一个偏僻小巷里，人们拥挤得水泄不通。原来情况是这样的：

有一个50多岁的男人，拿出一瓶强力胶水，然后拿出一枚金币，他在金币的背后轻轻地涂上一层薄薄的胶水，再贴到墙上。"各位朋友，大家看到了，这是一枚500法郎的金币，我是用一种新型的强力胶水黏住的，看谁能揭下这块500法郎的金币，谁揭下来，金币就归谁。"不久，一个接一个的人都来碰运气，看谁能揭下墙上那枚500法郎的金币。

小巷里的人，来来往往，最终没有任何人能拿下那枚金币，金币始终被牢牢地粘在墙上。

"各位，大家都看到了，也试过了，没有人能够把金币揭下来，是吗？"

"是的。"大家同声说。

"是什么原因呢？不是大家力气不够大，而是胶水粘力够强。这是我厂最新研制成功的××胶水。"

原来，那男人是个老板，由于他的商店位置偏僻，生意不景气，他便想出了上面这个奇妙的推销办法。那天，虽然没有一个人拿下那枚金币，但是，大家认识了一种强力胶水。从此,那家商店的胶水供不应求。

案例中,我们发现,这位老板之所以能让商店的生意红火起来,就在于他别具一格又火热的开场方式。这里,人们虽然对沾了胶水的硬币感兴趣,但他的一番话更能激发人们积极参与到"揭硬币"的队伍中。

推销大师乔·吉拉德吸引客户的方式也颇为奇特,在他尝试到了名片带给自己的甜头之后,他便开始了自己的疯狂的名片销售法。在人潮涌动的体育比赛现场,他会随身带着一万张名片,坐在做好的座位上等候良机,一旦大家为比赛出现的精彩场面而欢呼雀跃,他便将自己的名片,大把大把地向观众抛撒出去。名片从天而降,纷纷扬扬,景象极为壮观,那一瞬间,乔仿佛成了观众们喝彩的主角,而不是那个体育明星了。就这样,乔不仅推销了自己,更为产品做了很好的宣传。

那么,具体来说,我们怎样做才能吸引更多的观众呢?

1. 态度诚恳

在与众多客户交流的过程中,一定要让客户感觉到你的真诚。"群众的眼睛是雪亮的",你的谎言一旦被其中一个客户发现了,你的推销就泡汤了。因此,销售人员说话一定要恰如其分,符合双方的身份,不然,就会引起客户的反感。

2. 保持热情,声音响亮

其实,不管什么样的事业,要想获得成功,首先需要的就是工作热情。热情之所以重要,不仅是因为它可以使销售员激发出本身的潜能,也是因为客户有这种需要。客户总是喜欢和热情、开朗的销售员谈生意。因为客户认为,拥有热忱态度的销售员总是能带给他们快乐的感受和周到的服务。

所以说,销售员若希望吸引更多的人观看,就要在开场白中,表现自己的这种热情,用热情去打动客户,唤起客户对你的信任和好感。

3. 创意法开场,吸引客户参与到展示中

销售员不能一味地介绍产品而忽视客户的感受,因为当你介绍的时候,客户很可能产生一些疑问,如果不给客户说和问的机会,没有互动这个环节,那么客户会把这些疑问搁置,最终结果只会是:客户即使在你介绍的过程中对产品产生兴趣也会丧失这种兴趣。因此,销售员只有不断和客户互动,及时发问,才会了解客户的想法并很好地引导客户的思维。发问会让客户参与其中,对产品的感受更加深刻。

在向客户介绍产品时,充分调动客户的尝试的积极性是非常重要的。因为这样做,产品给给他们的印象更深,理解也更透彻。

总之,在我们展示产品的过程中,只有运用独特的理念,并充分运用好这些特殊的理念,才能吸引更多的人观看,才能让客户产生购买的欲望与冲动!

让顾客参与产品的演示

人们常说:"耳听为虚,眼见为实",相比销售员所说的,客户更愿意相信自己的眼睛,更愿看见产品带给自己的真实感受。也就是说,如果我们能积极创造出让客户参与产品演示的机会,让客户用视觉、嗅觉、味觉、触觉等感觉亲身体验产品,一旦客户对产品有了一些切身体会,他们就更容易联想起拥有产品之后的感受,就能很快明了产品给他们带来的好处。所以,对于销售员来说,完全没有必要不舍得让客户使用自己的产品,客户只有亲眼看到效果,亲自感觉到产品的好处,才能乐意购买产品。

也许,你的产品根本名不见经传、客户根本没有听过,也许你的产品没有打过广告,也许你的产品质量很好,远比那些家喻户晓的产品好得多,也许……但你的客户并不了解,那么,此时,这时候你怎么让客户相信你的产品?这时候就只有一种销售方式可以帮助你,那就是体验式销售,乔·吉拉德就是这方面的行家。

这天，乔·吉拉德所在的汽车展厅又迎来了一位客户。经过沟通和了解，乔·吉拉德向她推荐了一款合适的车型。那位客户看着崭新的汽车，左转转右转转，好像非常欣赏。

"夫人，如果您不介意，可以坐上去试试？"

"是吗？你们对面的福特车行，每款车上都写着'请勿触摸'的字，你们的可以试试吗？"

"当然可以！"

这位女士坐在驾驶座上，握住方向盘，触摸操作一番。从车里出来，那位女士说：

"不错，新车的味道真好！"

"那您决定买这辆车吗？"

"哦，我再考虑考虑，好吗？"

"亲爱的夫人，您可能还不知道这辆车驾驶起来有多么的舒服。您愿意把它开回家体验一下吗？"

"真得吗？"这位女士感到不可思议。

"当然，没有任何问题！"

后来，这位女士决定购买乔·吉拉德的车，因为她把车开回家之后，丈夫、孩子和邻居都赞不绝口，这让她感到很满足，于是马上决定购买。

可以说，乔·吉拉德可以成功推销这辆车，是因为他在让客户参与方面做得很成功，让客户了解到了这款车的方方面面，满足了客户的好奇心。其实每个人都有很强的好奇心，特别是对自己不太了解的产品，都喜欢亲自接触和尝试。

吉拉德认为，每个人都喜欢自己来尝试、接触、操作，每个人都有好奇心。不论你推销的是什么，都要想方设法展示你的商品，而且要记住，让顾客亲身参与，如果你能吸引住他们的感官，那么你就能把握他们的感情了。

销售员在介绍产品的过程中，通过让客户体验来让客户信服产品的质

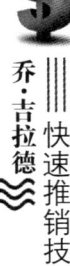

量,直观的、实地的演示向客户传达了感性的体验,这不同于单调生硬的技术说明书,具有及时、生动有效的特点,能引发客户的购买动机,直接刺激客户的购买欲望。而且,无论你对产品的介绍是如何美妙,客户心中总是存有疑惑的,不如让客户亲身体验产品来得痛快。客户亲身体验产品,还可以省去销售员很多口舌,产品的性能和特点都在客户体验中表现出来,不需要你费尽心机去说服客户。

那么,如何让客户参与到产品的体验中,来亲身体验产品呢?

1. 要告诉客户"买不买没关系"

很多时候,客户因为戒备心理,会拒绝体验产品,他们认为销售员会为了推销而推荐产品,对此,不妨主动打消客户在体验产品前的顾虑和芥蒂心,让其毫无防备地试用产品。销售员要告诉顾客"买不买并没关系,看看效果而已"。我们可以这样说:

"先生,一样的衣服穿在不同的人身上效果却不一样。我说得再好,如果您不穿在身上是看不出效果的。先生,以您的气质和身材,穿这件中号、藏青的效果一定不错。嗯,光说不行,一定要穿在身上才能看出效果。买不买真的没关系,要不您过去试试?"

2. 引导客户参与到体验产品的互动中

通常情况下,单纯地劝说客户体验产品,远比不上引导的效果好。而同时,销售员一定要在这种引导的过程中,采取一些互动措施。因为客户是不会主动告诉自己对产品存在哪些不满的,我们要引导客户说出来。如果没有互动这个环节,那么客户会把这些疑问搁置,最终结果只会是:客户即使在你介绍的过程中对产品产生兴趣也会丧失这种兴趣。因此,销售员只有不断和客户互动,及时发问,才会了解客户的想法并很好地引导客户的思维。发问会让客户参与其中,对产品的感受更加深刻。

3. 即便顾客不购买,也不要不满或抱怨顾客

当客户试用完产品后,可能会表示不购买,此时,销售员若表示"真的很

适合,您就不用再考虑了"或者直接收起产品,这都是错误的表现,都体现了一种抱怨与不满的情绪,这是绝对不应该有的。因为这种消极的情绪和想法,对于积极成交和提升门店业绩没有丝毫帮助,不仅如此,还可能会与顾客发生争执,这更是得不偿失的。

总之,一个好的演示一定要考虑让顾客参与其中,乐在享用商品的感觉,从而由衷地称赞商品带给他的享受。作为销售员,如果你能劝服客户试用、体验产品,就能对客户的真实想法做进一步的了解,从而能对症下药,为下一步的销售工作打好基础!

用专业买家的眼光来解读产品

向客户介绍、展示产品是销售中的必经阶段,也是让客户拿主意的关键阶段。销售员在介绍产品的过程中语言表达能力如何,直接关系到客户的最终抉择。任何一个客户,都希望与一个专业素质高的推销员合作,因为专业才能提供更多的保障。如果我们在展示介绍的过程中,语言过于冗杂,势必会让客户没有耐心进行信息的筛选。因此,销售人员向客户介绍产品,一定要以最专业、精炼的话,使自己的营销活动尽可能高质量、高效率地展开。

销售员小江从客户那里回来后,愤愤不平,正向同事小刘诉苦。

小江:"刚才那个客户真是烦人,他什么都不懂,还非要冒充是行家,说我卖的电脑这里不好,那里不好。还说他们家那台老式的电脑是目前市场上卖的最火的,我看至少有三四年的时间了,你说好笑不好笑。"

小刘:"那你怎么说服他的呢?"

小张:"说服他?我刚开始和他讲解现在的市场行情他不听,后来我生气了,和他大辩了一通,使出我浑身的解数。结果他一句话都说不出来了,哈哈。"

小刘:"那他有没有买你的电脑呢?"

小张:"……"

案例中,小江为什么不能说服客户反倒和客户起了争执呢?很简单,客户反驳他,是因为他对产品的解说不够专业。试想,如果他能就自己的产品和客户的老式电脑进行一番比较,然后给予专业的回击,那么,说不定客户会心悦诚服接受其观点并购买新产品。

所以,对于销售人员来说,要想在介绍产品时让客户相信你,就需要掌握娴熟、专业、精炼的表达及技巧。具体来说,销售员需要做到:

1. 未雨绸缪,介绍产品前先做好各方面的准备工作

我们都有这样的经历:我们在与某陌生人交谈前,常会因为紧张而辞不达意甚至语无伦次。销售过程中,同样是如此,毫无准备的销售往往会使得我们的显得局促、紧张乃至说话没有条理,这样,不仅不能让我们把握要点地介绍产品,还会因为耽误客户的时间而引起客户的反感。

另外,对于那些疑心很重的客户,销售员在专业语言方面的准备尤为重要。因为这些客户常常为了证明自己选择的正确性,会向销售员提出各种问题,此时,我们凝练的专业语言就能派上用场,帮助你在面对客户提出的各种问题时为客户提供满意答复,而良好的销售技巧则有助于你在销售过程中能够更加适时适度地说服客户。

2. 为客户节约时间,与销售目标无关的话尽量少说

销售人员介绍产品的过程中,千万不要为了与客户套近乎而啰啰嗦嗦地说一些无关紧要的话,这不仅仅会使你的时间白白浪费,而且还会令客户感到厌烦——客户的时间也是相当宝贵的。因此,产品介绍一定要紧紧围绕自己的销售目标展开,才能在有效的时间内把产品的卖点传达给客户。

3. 为客户考虑,不要为了推销而推销

乔·吉拉德说:"任何一个头脑清醒的人都不会卖给顾客一辆六汽缸的车,而告诉对方他买的车有八个汽缸。顾客只要一掀开车盖,数数配电线,

你就死定了。"

因此,在推销过程中,任何一个销售员,都不要为了推销而推销,说出一些不实的话。说实话往往对推销员有好处,尤其是推销员所说的,顾客事后可以查证的事。

4.修饰自己的专业语言

(1)多使用专业、文明、标准的销售语言。例如:"您好!我是北京××公司的小张,上次与您见过面。我有一个非常好的资讯要传递给您,现在与您通话方便吗?谢谢您能接听我的电话……"等等。

(2)保持微笑,语音、语速和语调训练有素。以这样的方式说话,会给客户留下非常好的第一感觉——信任感。增加客户在电话交流时的愉悦感,乐意与你沟通下去。

另外,在介绍产品时要注意,如果客户是个"门外汉",也就是对产品不是很了解,我们就要尽量使用通俗的语言介绍,因为太多的专业术语,会使双方沟通产生障碍。而如果对方对产品比较了解,我们则应该适当地运用一些专业术语,才能让客户看到我们的专业水准。

5.在客户体验产品的后,给出真诚的建议

顾客在试用产品之后,能充分感受到产品的好处和带来的利益,增强其对于产品的信任感,并可加强销售员和顾客间的关系。

但在顾客试用产品时候,我们一定不能千篇一律地对顾客说:"这个挺适合您的。""您穿这件也不错。"因为这样,只会让顾客感觉你是为了推销而给出虚假意见。你不妨告诉顾客:"我觉得您的气质适合穿颜色深沉点的,那件就不错,我拿下来给您试试吧。"这类建议,顾客一般都会接受。

在展示过程中进行有效提问

随着生活水平的逐渐提高和生活方式的逐步演进,人们越来越重视体验了。因此,试用成交法是与顾客交易的重要方法。所以,对于那些对产品疑虑重重的客户,推销员在展示产品的过程中,总是不断引导客户亲身体验。但客户在体验产品的过程中,多半不会认为产品尽善尽美而毫无异议地购买。而此时,作为销售人员,一定要做好客户的互动工作,并对客户进行有效提问,这不仅能帮助销售员了解客户体验产品后的感受,还能让客户感受到备受尊重。这对于双方的进一步沟通是极为有效的。

某小姐在一家时装店转了很久,终于在某件衬衣前停了下来。这时,销售员走了过来。

销售员:"小姐,您的眼光真好,这是昨天我们才到的新款,是今年最流行的款式,属于英伦系列,质地是采用了一种特质的丝绸,夏天穿起来非常凉快。"

顾客:"嗯,是不错,那你拿一件我能穿的号,我想试一下。"

销售员:"好的,您稍等。"

两分钟后,导购员把衣服递给客户,客户开始试穿。穿好衣服后,顾客在镜子面前看了看,摇了摇头。

销售员:"这件衣服挺适合您的。"

顾客:"我觉得不太好!"顾客试完衣服后,转身就走。

销售员(微笑):"这位小姐,请留步!很抱歉,我是真心为您服务的,并真诚向您请教:您能告诉我是哪方面不满意吗?因为这是我们店里新到的货,我们要及时地关注客户对它的反映。另外,如果您不满意这件上衣,我再为您推荐其他几款。"

顾客:"其实,这件衣服的样式我比较喜欢,但是觉得这颜色与我的肤色好像不怎么搭。"

销售员:"小姐,其实这件衣服还有其他颜色,只是因为这种颜色是大众都比较喜欢的颜色,所以,我们就挂在外面了。"

顾客:"哦,原来是这样啊,那你再为我找其他几种颜色试试吧。"

销售员：“好的，麻烦您稍等一下。”

最终，这位小姐购买了这款衣服。

销售员热心服务，本希望试用产品后的顾客能选择购买，但顾客却对产品不满意，这是任何一个销售员不愿看到的。所以，有些销售员不免对顾客产生一些负面的情绪，于是，他们会选择这样回应顾客：默默收起衣服，一脸不高兴；或者说"别着急走呀，是诚心买吗？""有心买吗？没心买干嘛要试呀？"这样的回应不但留不住顾客，反倒有损自己的专业素质和形象。为此，案例中销售员，在遇到此类情况时，第一步就是留住了顾客，然后引导顾客说出了她不满意的原因，因为，只有这样才能有针对性地去说服顾客。最终，她消除了顾客存在的顾虑，达成购买协议。

而实际上，作为销售员，在为客户展示产品、客户亲身体验时，就应该进行有效提问，试想，如果我们站在客户的角度，当我们试用某件产品时，作为卖方的销售员对我们不理不睬，也不问及我们的感受，我们还有购买的愿望吗？我们会有一种被忽视的感觉，从而也对自己试用产品的效果很不自信。其实，客户使用产品，本身就是一个说服购买的最佳时机。销售员一定要通过恰当的语言，与顾客沟通其试用产品的感受，比如穿着是否合身、用着是否合适、听着是否舒服等。与此同时，销售员还要把产品的优势介绍给顾客，这样顾客在试用的时候才会有更加深刻的体会。

展示不必细，但一定要展示得巧妙

任何一次销售过程，都少不了展示产品，因为任何一个客户，都不会在没看到产品前就决定购买。我们若想成功推销，一定要明白，巧妙地展示是是行销的第一法宝。一个幽默、吸引人、有创意的产品展示法，往往会起到意想不到的效果。

我们都知道，人们都有猎奇心，当他们看到那些新事物时，当我们用手触摸它时，便立即想拥有它。聪明的销售员，便懂得利用这种心理来展示产品。作为推销员的你，假如你推销的是一辆车，你是否注意到这辆车的味道？

乔认为，最能吸引人的是新车的气味。他向客户展示新车，通常使用的方法就是让客户感受汽车的味道。与"请勿触摸"的作法不同，乔在和顾客接触时总是想方设法让顾客先"闻一闻"新车的味道。他让顾客坐进驾驶室，握住方向盘，自己触摸操作一番。

如果顾客住在附近，乔还会建议他把车开回家，让他在自己的太太、孩子和领导面前炫耀一番，顾客会很快地被新车的"味道"陶醉了。根据乔本人的经验，凡是坐进驾驶室把车开上一段距离的顾客，没有不买他的车的。即使当即不买，不久后也会来买。新车的"味道"已深深地烙在他们的脑海中，使他们难以忘怀。乔为什么会发现这一介绍产品的秘诀呢？这和乔的一次经历有关。

那时，乔已经长大了，他第一次坐进一辆新车，那种感觉，他一辈子也不会忘记。他以前坐的车是一辆旧车，车上的坐垫已经开始散发出一种酸臭味了。后来，他的邻居买了一辆新车。买回来的第一天，乔便获得允许，可以进去试坐一下，那种新车的气味，从此，便刻在了乔的脑海里。

于是，在后来从事推销工作的过程中，乔便努力让这些客户尝试着去闻新车的气味，但很显然，这些客户在刚开始的时候都是"反抗"的，他们甚至被乔"逼到"汽车里，而当他们一上车，便不愿下来了，因为他们闻到了新车的味道。之前的各种"不乐意"也一扫而空，因为他们觉得这部车已经是自己的了。

此时，乔并没有立即上前为客户介绍产品的各种特点，因为他在销售中发现，自己的话越少，客户对车的味道越迷恋，而在这一过程中，他们会不由自主地开始询问，而乔等待的就是这个。因为他明白，客户主动询问，将会把自己内心的所有想法都说出来,这远比自己询问要好得多。

这里,我们发现,乔在展示汽车的过程中,并没有和其他销售员一样,小到一个螺丝都为客户介绍,相反,他没有多说话,而是采取一种特殊的方法,让客户自己感受汽车的味道,这就是著名的吸引客户的方法——销售汽车的味道!

乔认为,人们都喜欢自己来尝试、接触、操作,人们都有好奇心。不论你推销的是什么,都要想方设法展示你的商品,而且要记住,让顾客亲身参与,如果你能吸引住他们的感官,那么你就能掌握住他们的感情了。我们再来看看下面这个推销故事:

日本有一位寿险推销员,他有一套自己别出心裁的推销方法。

有一天,他拜访一位客户,他把印着"76600"的数字的名片递到客户手里。

顾客看到名片,很诧异,就问:"这个数字是什么意思?"

推销员反问道:"您一生中吃多少顿饭?"客户听完后,还是不明白,推销员接着说:"76600 顿嘛?假定退休年龄是 55 岁,按照日本人的平均寿命计算,您还剩下 19 年的饭,即 20805 顿……"

故事中,这位推销员的开场的特别之处在于:用一张印有 76600"的数字的名片吸引住了客户的注意。然后反问客户,等吊足了客户的胃口后,再告知客户这个数字的意思,让客户认识到生命的短暂,进而逐渐把问题引向人寿保险。

的确,在我们向客户推销前,客户的心就像一扇上了锁的大门,如果我们展示产品的方法能引起客户的注意力和兴趣,那么,这扇门就会被我们打开;相反,如果我们的展示毫无新意,那么,这扇门也将会锁得更紧。

有时候,当我们信心百倍、昂首进入陌生市场时,可能会听到一些人说:"推销员又来了。"这个时候你千万不能尴尬和紧张,而是应该调整心态,越是这种时候,越要表现出色,你要努力创造新的推销方法与推销风格,用新奇的方法来引起顾客的注意。

　　从现在起,销售员们不妨思索一下你在为客户介绍并展示产品的时候,是不是有创意,是不是有自己的特色,如果没有,就从现在开始改变,小小的改变,大大的不同!

第7章

热忱始终,有源源不绝的激情才能做好销售

"热爱自己的职业,无论做什么职业,世界上一定有人讨厌你和你的职业,那是别人的问题。"

——乔·吉拉德

不论哪种行业,要想获得成功就要有工作热情。销售行业更是如此。这是因为热忱是这个世界上最有价值的也是最具有感染力的一种情感。另外,每一个想获得良好业绩的推销员,都必须要做到四处行走,甚至还需要面对客户频繁的拒绝。因此,没有饱满的热情和足够的活力是断然做不好直销售的。热情是靠自己创造的,而不是等顾客燃起我们的热情火焰,因为从某种程度上说,客户的打击只会让你泄气。因此,从现在起,你要不断努力,唤起你自己的满腔热情,从而感染你的客户!

学会消除不良情绪

自古以来，在所有成功者的身上，都有一个共同的特征，那就是热爱自己的工作。推销大师乔·吉拉德认为热忱对销售起着至关重要的作用。热情之所以重要，不仅是因为它可以使销售员激发出本身的潜能，也是因为客户有这种需要。客户总是喜欢和热情、开朗的销售员谈生意，因为客户认为，拥有热忱态度的销售员总是能带给他们快乐的感受和周到的服务。所以说，要想成为一个优秀的销售员，在开场白中，我们就要在语言中表现自己的这种热情，用热情去打动客户，唤起客户对你的信任和好感。这样，交易才能顺利完成。

乔·吉拉德说，不可思议的是，有的推销员回到家里，甚至连妻子都不知道他是卖什么的。"从今天起，大家不要再躲藏了，应该让别人知道你，知道你所做的事情。"他曾问一个神情沮丧的人是做什么的，那人说是推销员。乔·吉拉德告诉对方：推销员怎么能是你这种状态？如果你是医生，你的病人会杀了你，因为你的状态很可怕。

工作是通向健康和财富之路。乔·吉拉德认为，它可以使你一步步向上走。全世界的普通记录是每周卖7辆车，而乔·吉拉德每天就可以卖出6辆。有一次他不到20分钟已经卖了一辆车给一个人。对方告诉他：其实我就在这里工作，来买车只是为了学习你销售的秘密。乔·吉拉德把订金退还给对方。他说他没有秘密，若非要说秘密的话，那就是"如果我这样的状态能够深入到你的生活，你会受益无穷"。

从乔的经历中，我们发现，一个推销员可能会在推销工作中遭受种种挫折，但你一定要及时调整状态，积极乐观起来，一个失去了斗志的销售员，即使产品与服务再好，也难以让客户产生购买的欲望。

其实,不管什么样的事业,要想获得成功,首先需要的就是工作热情。热情是一个优秀的销售员不可或缺的素质,可以这么说,如果没有热忱的态度,销售成功的概率也就十分渺茫了。热忱,是指一种精神状态,一种对工作、对事业、对顾客的炽热感情。美国著名女企业家玫琳·凯说:"对每个推销人员来说,热情是无往不利的,当你用心灵、灵魂信赖你所推销的东西时,其他人必定也能感受得到。"

而事实上,推销是经常被人误解的职业,很多销售员也经常在推销工作中受到挫折与打击,那么,作为销售员,我们该如何在每次推销前消除这种不良情绪呢?

1. 事前鼓舞自己

"没有知识的业务员是浪费时间,没有激情的业务员是浪费生命"。前者是搭起沟通的桥梁,后者却要毁掉这座桥梁。所以,为了能以高度的热忱与客户对话,你不妨在进行销售之前,先给自己来一段精神讲话,或说些鼓舞的话。比如:"我能干好!""我一定可以成功!""没有什么可以难倒我!"虽然自己对自己来一段精神讲话这种方式并不普遍,但是却极为有效,其效果就像教练对球员讲话一样。当你去见一个客户之前先给自己来一段精神讲话,推销的时候就会讲得更好,也会更成功。

2. 树立自信的形象

我们的行为方式,往往都是自己思想品质的外在体现,如果我们在行动上畏首畏尾,便很难让客户将我们与热忱联系起来。因此,我们在销售前,不妨将自己打扮得自信些,就像乔每次出门前,都会告诉反问自己,我这身装扮,客户会不会买我的账?

3. 保持微笑

销售开场时,我们要设法避免重复、机械式的手势或回答,否则,这将是一次生硬、冷淡的销售开场。实际上,"伸手不打笑脸人",只要我们经常锻炼脸部肌肉,随时保持微笑,学会微笑,就能用真诚的微笑去感染他人。

4. 始终坚信自己的产品

一些推销工作者,在听到客户抱怨公司产品质量上存在一点点不足时,就开始"杞人忧天",甚至始抱怨公司产品质量的低下,这是不利于推销的。我们说产品高度同质化的今天,同类产品在功能方面有什么大的区别? 没有! 只要公司产品符合国标、行业标准或者企业标准,就是合格产品,也是公司最好的产品,一定可以找到消费者或者是购买者。在整个推销过程中,不要对你推销的产品产生什么怀疑,相信你推销的产品是优秀产品之一。能不能达成交易,取决你的认真与技巧。

除此之外,如果你认为你的业绩不好,原因在于产品,我们不妨分析一下:任何一家公司、任何一种产品都有推销业绩优秀的推销员,每个公司都有推销冠军。产品有问题,他们为什么可以卖出去,并且让消费者感到满意。你为什么不行? 所以说,业绩的好坏主要取决于主观条件,而不是一些客观条件,你要始终对自己推销的产品充满信心。

销售中,我们经常强调要有好口才,有学会运用一些巧妙的销售技巧,但这些都来自于对客户热忱的态度。只有有热情的语言,才能表现出对客户的尊重,让客户有亲切感,从而产生对销售员的信任。

热情是可以锻炼出来的

我们都知道,销售是与人打交道的行业,面对陌生推销员的推销,没有人会乐意直接掏腰包,并对推销员说:"欢迎、欢迎,您来得正好!""真是雪中送炭!"果真如此,就用不着推销员了。你从举手敲门、客户开门、与客户的应对进退,一直到成交、告退,每关都是荆棘丛生,没有平坦之路可走,这也是一个逐渐磨灭推销员热情的过程。这个过程中,销售员不仅要面对众多繁杂的工作,有时还要遭遇客户的白眼和指责,情绪难免会受到影响,如果销售员不能及时调整情绪和心态，让自己重燃热情，不仅会影响身体健康，还会影响工作，甚至使公司或企业的声誉和形象受到影响。

推销大师乔·吉拉德在推销工作上顾驾轻就熟，得心应手，那些成百上千从他手里购买汽车的顾客们每次走进他的办公室时对他的热情也非常欣赏。"有件事很重要，大家都要对自己保证，保持热情的火焰永不熄灭，而不像有些人起起伏伏。"或许这就是这些客户为什么会被乔打动的原因之一。

某小印刷公司推行扩大销售计划，每6个月雇用一名推销员。有一年，该公司雇用了一个不成熟而且缺乏信心的年轻推销员，这位推销员经过前两个阶段的学习后，对自己能否胜任工作一点儿把握也没有。他甚至担心经理不发给他"毕业证书"呢。

可是，那位经理在对他讲了"你能干好的"之类的鼓励性的话后，说道："喂，你听着，我要把我想要做的事告诉你，我打算让你到大街对面的'绝对可靠的预计客户'的住处去推销。以往我也总是把新来的推销员派到那里去推销。理由很简单，因为那个老头是个买主，什么时候都买我们的东西。但是，我要预先警告你，他是一个厚脸皮、令人讨厌、爱吵嘴，而且满口粗话的人。你如果去见他，他肯定会对你大吼大叫，仿佛要把你吃掉似的。不过，你要放心，他只是叫嚷一阵而已，实际上他是不会吃你的。所以无论他说什么，你都不要介意。"

"作为我来说，希望你默不作声地听着，然后说'是的，先生，我明白了。我带来了本市最好的印刷业务的商谈说明，我想这个说明对你来说，也一定是想要得到的东西'。总而言之，他说什么都没关系，你要坚持你的立场，然后反过来讲你要说的话。可不要忘记啊，他在什么时候都会向我们的推销员订货的。"

这位被打足了气的年轻推销员冲到了对门大街的屋里，报了自己公司的名字。在头5分钟里，他没有机会讲上一句话。因为那老头不停地给他讲一些无关紧要的事情，一会儿教他某种菜的吃法，一会儿又教他一些莫名其

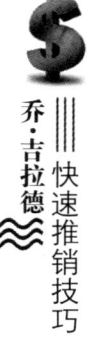

妙的英语词汇。好在这位推销员事先得到过警告,他耐心地等待暴风雨的过去。最后他说:"是的,先生,我明白了。那么,这是本市最好的印刷业务的商谈说明,这样的商谈说明,当然是您想要得到的东西。"这样一进一退的进攻和防御大约持续了半个小时。半小时后,那个年轻的推销员终于得到了该印刷公司从未有过的最多的订货。

经理看了一下订单,满脸惊讶地说:"喂,你搞错人了吧?那个老头,在我们遇到的对手中是最吝啬、最讨厌、最好吵架,而且是最爱说粗话的人!我们这15年来总想让他买点儿什么东西,可是那个老头连1元钱的东西也没有买。总之,他从来没从我们这儿买过一件东西。"

那么,是什么使这位"新手"获得了这种成功呢?很显然,是经理的话让他鼓足了勇气、充满了信心。可见,只要你饱含热情、全力以赴地去推销,就一定能达到目标。唯有如此,你才会想尽一切办法去与客户接触,说服客户购买自己的商品。

那么,销售员该如何锻炼自己的热情呢?

1 不断挑战自己,接受更高难度的销售任务

业绩才是自信与热忱的资本,一个始终卖不出去产品、没有销售业绩的推销员,又何谈热情呢?因为,为了提高自己的热情,作为推销员的你,应该树立销售目标,并不断更新目标,这样,你的销售热情无形中就锻炼出来了。

2. 自我对话,注重心理暗示

许多情况下,销售员遭遇客户的磨难后,常常会情绪低落、工作积极性受挫,曾经气势高昂的工作势头也没了。整个人蔫了,就容易抱怨客户。在这时销售员要学会进行自我积极暗示,通过和自己对话,从心理上安抚自己的情绪,让自己保持冷静,重拾热忱。对此,销售员可以用以下的话来帮助自己恢复热忱:

不以物喜不以己悲,我不应该受到客户的影响。

他那么生气,肯定是某方面出问题了。

我应该先让客户冷静下来。

我一定要让他微笑着离开。

我应该这样说,才不会激怒对方。

刚才说的那些话以后要克服。

种种的自我对话都是在向自己传递一些积极健康、有助于解决问题的内容。从心理学角度来看,这些积极的心理暗示会让销售员及时摆脱不良情绪,以平常心对待客户的不满。

3. 自我激励,时刻保持活力

有一位激励大师曾说过:"强烈的自我激励是成功的先决条件。"销售过程中,我们所面对的挫折和阻力,不仅大而且还非常多,但人们承受这些考验的能力是有限的。如果一再受到打击,我们的毅力和决心迟早会被攻破。所以,我们需要经常激励自己,给自己加油打气,这样我们才能时刻保持热情和活力,积极面对新一轮的挑战。激励自己,我们可以对自己说:

人的潜力很大,我能解决所有的问题。

办法总会比问题多,没有什么能难倒我。

我还可以做得更好。

交易就在眼前,就看我要不要跳起来去拿。

金无足赤,人无完人,所有人都会犯错。

世上无难事,只怕有心人。

只有登上山顶,才能看得更远。

这个世界从来不会给失败者颁发奖牌。

总之,对销售员来说,锻炼自己的热情非常重要,热情开朗、积极乐观的心态不仅能让自己摆脱压力的阴影,轻松地工作,还能感染周围的同事,更重要的是,销售员在工作中保持高度的热情,就能创造一个良好的销售环境,给客户留下一个好印象,为工作积累更多的客户资源。

让销售变得有趣些

推销大师乔·吉拉德曾说:"有人说我是天生的推销员,因为我十分热爱销售工作。我确实认为,我早年成功的主要原因是我热爱推销工作……在他们看来,推销工作是单调乏味的苦差事。在我看来,它却是一场比赛。"的确,一个出色的推销员,总是热情洋溢的,并且会感染身边的同事、客户,他似乎总是给周围的人传达一种信息——我很快乐,因为我很忙碌。而正是这样一种慷慨激昂的销售热情,才引起了客户的注意和兴趣,并给客户留下了深刻的印象,是非常有助于推销工作的。

我们不妨来假想一下,你是个身强力壮的小伙子,却没有一整天工作的干劲,另一个是老当益壮的六旬老叟——乔·吉拉德,却能把工作干得比所有人都好。把这两个人加以比较,似乎有些荒谬,然而却发人深省!

显而易见,其差别在于态度——前者不热爱自己从事的工作,而后者酷爱自己的工作。一般来说,人们越是热爱自己的工作,干劲就会越大。不仅如此,要是我们热爱某项工作,终究会把那项工作干好的,而这份热爱,首先来自于我们是否从工作中感受到乐趣。

其实,快乐是一种良好的情绪,但你感觉工作有价值、有干劲时,工作起来就会愉快,此时,你这种快乐的情绪就会无形中传染给客户,这样,推销成绩自然就会好起来。反之,你若觉得工作没意思、没价值,那么工作时一定很不愉快,这种低沉情绪同样也会传染给客户,当然推销成绩不可能理想。

你一定有过这样的体验:工作中你与同事闹了别扭,或者遇到什么工作上的难处,甚至被领导批评等,便会觉得工作没兴趣,没有乐趣。而上班时感到工作没有乐趣,下班后回到家并不一定能得到解脱。因为休息是工作的延伸,工作开心,下班后心里便会想着工作的欢乐,而且回味无穷。

那么,作为销售员,我们该如何发现销售工作的乐趣,又该如何让销售变得有趣些呢?

1. 推销工作是最自由的职业

推销是最自由的职业,它的自由主要表现在时间上。没有人规定你上下班的时间,没有人规定你今天必须去推销。

2. 推销工作能展现并提升你的能力

你不仅要把推销当成你工作的平台,还要把握住它给自己的各种成长与学习的机会,这样,你的努力会日复一日、月复一月明确地呈现出成果。反过来,一种好的工作态度能从仪容、谈吐、眼神、神采和举止中流露出来,所以,推销员可以通过阅读优秀的书籍、参加专业的训练或向成功推销员学习。

3. 推销工作可以广交好友

销售本身就是与人打交道的行业,我们卖出去的不仅是产品,更是我们口碑。很多优秀的推销员,在成功推销的同时,还能与客户交朋友,他们能做到广交天下友,笑迎八方客。因为具有良好的人际关系,他们的生意也越做越广,同时,他们能从不断推销成功与结识朋友的过程中获得乐趣,反过来,他们又以最大的热情投入工作。

4. 养成良好的生活、工作习惯

推销是一项高强度的工作,无论谁,要想成为一名优秀的推销员,就必须努力、勤奋地工作,但如果没有良好的工作习惯,毫无规划甚至超过一定的限度,那么,可能造成不良的后果。因而,我们在紧张的工作之余,还要懂得调剂,适当的调剂可以使平日紧张的工作情绪得以放松,再回到工作岗位时,效率会更高,也更能感觉到工作中的乐趣。

推销员可以通过培养自己的兴趣爱好或者参加体育活动,给自己的生活添加更多的色彩,保持身体的健康状态。像慢跑、游泳、登山或其他类似

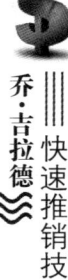

的活动，都有益于健康。

总之，不管将来你转向什么职业，你都能够成功。推销这一行，可以说是成为万能选手之道。如果你现在是一名推销员，你一定要"干一行，爱一行"——热爱你的工作，并努力从销售工作中获得自我提升，这样，如果你能快乐地工作，那么，那就是成功的！

不要因为别人的打击而颓丧

曾经有人把推销比喻成战争，确实，战争中，不仅存在看得见敌人——我们需要与之真刀真枪地战斗，还有看不见的敌人——来自内心的恐惧。比如，在一片茂密的森林里，你根本看不见敌人在哪里，此时，我们的内心是极为害怕的，时间5分钟、10分钟地过去，静谧中可怕极了。其实，作为推销员，你也有两大敌人：看得见的敌人——竞争对手，看不见的敌人——你自己。

从事销售工作，我们必须要做好心理准备，你随时都有可能被拒绝，但你依然需要不断拾起你的信心。可能面对数以千计次的打击后，你已经信心全无了，你会懈怠，"我真的要放弃了""这行我干不下去了"，这些，这就是心中看不见的敌人之一。要想战胜这种看不见的敌人，除了你自己给自己鼓气外，别无良策。

丰田公司极其重视推销员的自我管理教育。在自己管理自己的方法上，如对工作的认识、建立价值观念、养成计划性、培养实践能力、妥善安排时间、不间断地学习、注意健康、克服工作上萎靡不振的情绪以及如何全神贯注地工作等等有关方面的教育，公司都抓得很紧。有一篇文章反映了丰田公司推销员自我管理的真实情况，文中写道：

"我认为所谓的自我管理，首先就是苛求自己。我把一个星期的工作计划分为上午和下午两部分,把要走访的地方6等分。星期一走访葛饰区立石路的1-100号街,星期二走访第101-200号街,星期三……这样一个星期结束以后,就转完了我所负责的整个地段。我把这种做法一直作为绝对的、至高无上的命令来执行。所谓硬闯和推销管理工作,都安排在每天下午去搞。上午专搞接洽生意或类似接洽生意的工作,从下午4点起,搞交谈、修车等工作。我的工作计划大体上就是如此,并坚决执行——这就是我的推销计划,也就是自己管自己。

"参加工作的第一年,往往都是我一个人在街道上转来转去,觉得非常难受又寂寞,有时也深感推销工作非常痛苦。可是,每逢这时,我就勉励自己说,自己痛苦的时候别人也痛苦。说老实话,我想如果推销工作是一帆风顺的,也就无所谓自己管理自己了。自己管自己这个问题之所以受到重视,是因为任何人都不能随心所欲地去做事情,因为今天一去不返,人们才要求这么严格。我也经常有精神不振的时候,遇到这种情况,我一定在星期天去登山。当我一步一步地克服了前进中的困难而登到山巅时,那种激励的心情简直就和接受定货、交出汽车时的激动心情完全一样。"

从这两段话中,我们发现,这里,这位推销员的这句话:"我想如果推销工作是一帆风顺的,也就无所谓自己管理自己了"。的确,如果不存在打击与拒绝,也就不存在销售工作了,以这样的信念激励自己,能帮助我们销售员克服内心的很多负面情绪。

所以说,推销员没有所谓的先天资质,要靠自己去创造!最重要的必备条件就是,你要有高昂的工作士气。工作士气高昂的推销员比工作士气低落的推销员能发挥出数倍的效率。

那么,作为销售员,该如何在受到打击时激励自己呢?

1. 努力工作,淡化负面情绪

每个公司都会给每个员工制订计划,一名优秀的推销员,也会给自己定一个目标,为这个目标努力,去争取成果,因为在这个世界上,不会有不劳而

获的东西。与此同时,销售员自身要努力学习专业知识,学习其他销售员身上的优点。等到业绩上升的时候,那些内心的郁结自然烟消云散,那些打击你的语言也就不攻自破。

2. 自我激励,给自己打气

作为销售员,我们必须有打不垮的精神,一定要相信自己的口才、能力,充满自信和希望,即使遇到困难,遇到客户无情的拒绝与打击,我们也要在内心告诉自己,"我是最优秀的,您一定会接受我们的产品",并用自己的思路让顾客选择我们的产品。

热情是一种振奋剂,在每天早晨可以使你充满希望,好像脚下有了弹性,心里有了温暖,眼睛也炯炯有神了;热情可以使我们在一次次的失败中成为一名优秀的销售员,也可以使懒惰的人变成勤奋的人。如果我们想成为一名优秀的导购员,我们就要接受任何困难的挑战,永不服输。

热爱工作,不要在乎他人的眼光

现实生活中,可能有些人对销售行业存在一些误解,他们认为,销售是见不得人、存在欺骗性的职业,但无论别人怎样看,作为销售员自己,我们一定要热爱自己的工作。而实际上,我们每个人都在进行自我"推销",不管你是什么人,从事何种工作,无论你的愿望是什么,若要达到你的目的,就必须具备向别人进行自我推销的能力。只有通过自我推销,你才能取得成功,才能实现你的美好理想,达到你的目的。

孩提时代,我们需要向父母推销自己,以获得父母的养育;

稍大一些,我们需要向老师推销自己,以获得良好的学习成绩;

再后来,你向恋人推销感情,当对方接受你的第一次约会时,你的"推销"就开始有了一个好兆头;

你向朋友推销"忠诚、关心、体贴和永不磨灭的友谊";

……

可以说,商业社会的到来已经把现代社会完全变成了一个推销商社会,无论我们从事什么样的工作,我们都需要推销,我们无时无刻不在推销自己的思想、观点、产品、成就、服务、主张、感情,等等。这种事情对于任何人来说都是确凿的事实,对方是邮递员、是政府官员也好,是商人也好,是教师也好,是校长也好,都无法否认这个事实。

"盛田昭夫"这个名字对普通人来说也许还很陌生,但提起"索尼"电器恐怕就很少有人不知晓了。1986年,盛田昭夫著的《日本·索尼·AKM》一书出版,书中有这样一段话:

"仅有独特的技术,生产出独特的产品,事业是不能成功的,更重要的是商品的销售。"

确实,商品销售对任何一个企业来说,都犹如命脉。大凡效益好的企业,都把产品销售摆在显著的位置上。只有重视销售,从而重视推销员的企业家,才称得上是真正的优秀企业家。

因此,作为推销员,如果有谁说瞧不起推销这门职业或者瞧不起推销员,你就可以理直气壮地盯着那个人的眼睛认真地说:"正是由于我和像我一样的人在从事销售工作,你才能拿你挣的全部收入买东西,这些东西是从谁那里买的?"

乔·吉拉德相信,成功的起点是热爱自己的职业。无论做什么职业,世界上一定有人讨厌你和你的职业,那是别人的问题。"就算你是挖地沟的,如果你喜欢,关别人什么事?"

为此,从现在起,你要相信以下几点:

1. 推销是一项很伟大的职业

你要记住,推销并不卑微,相反,它很高尚、有意义。新时代的到来,更决定了推销是一项造福他人的职业,没有推销,人们的生活便失去便捷。正是广大推销员的辛苦工作,消费者可见在最近的地方购买到想要的产品,也正是推销员的努力工作,人们才有更多的时间去感受生活、享受生活。我们既然从事推销,就要正确认识推销这个职业,对这一职业充满信心。

2. 相信自己

自信是成功的先决条件。一个人连自己都不相信,又何谈成功呢?你只有对自己充满自信,在客户面前才会表现得落落大方,胸有成竹,你的自信才会感染、征服消费者,用户对你推销的产品才会充满信任。

日本有位推销高手,他每天见客户前,都会到洗手间对着镜子,将一只手的大姆指与食指放进自己的口腔内,进行肌肉扩展,一边扩张一边大声说"我是最棒的!我是最好的",目的是培养自己的信心。

自信来自于成就,因此,你要学会在工作点滴中体味成就感。当你实现了某些小目标后,你的成就感会油然而生;而如果你再将每天的工作分解,分解到每个事项、每个时段,及时办理、及时检查、及时总结,每完成一件事,就是一项成就,每天所有的事都完成,就是一天的成就。你只有积累这种小成就,才会累成最终的成就;你只有每天去体味成就,才有信心与勇气继续走下去。

当然,自信不等于自傲。自信根生于有学识、有能力的运筹帷幄、决胜千里的感觉。它与自傲那种腹中空空、头重脚轻的感觉截然不同。

3. 相信你的公司和产品

推销员不仅要相信自己销售的产品,更要相信公司是一家有前途的公司,是一家有长远前途的公司,能时刻考虑员工的利益、客户的需求的公司。

同时,你更需要相信自己所推销的产品,只有这样,才能在向客户推销的时候做到胸有成竹,不卑不亢!

总之,任何一位推销员都要记住吉拉德的话,并热爱你的推销事业,当你全力以赴进行你的推销事业时,就是你收获的时候了!

始终洋溢着神采,才会更有感染力

不论哪种行业,要想获得成功就要有工作热情。销售行业更是如此。这是因为热忱是这个世界上最有价值的也是最具有感染力的一种情感。热情不仅可以使悲观的人变得乐观、积极,可以使狭隘的人变得豁达、开朗,使懒惰的人变得勤奋起来,还可以感染、影响、激励他人,消除客户的冷漠、拒绝,换取顾客对自己的信任和好感;热情还会像发动机一样推动我们勇往直前,直至成功的彼岸。

销售过程中,销售人员热情与否一般外显在具体的语言行动上。试想,在与客户交流时,如果你语言死板,不苟言笑,客户是不会买你账的。也就是说,你没有热情,他们也会失去热情。为此,你需要时时提醒自己要保持热情,不仅是对客户的热情,更重要的是对销售工作、对于生活和生命的热情。

三年前,李娜还是这家咨询公司的市场推广员,而现在,她已经做到了培训经理的职位。在销售行业的成功,得益于她出色的口才。公司的同事都说她的声音很好听,那么婉转、动听,让人听着很享受。

一次,她被派到日本的分公司进行培训工作。报道的第一天,日本的公司代表们就盛情邀请她演讲。当时,不会日语的她直接用汉语演讲。但她的一些日本同事听不懂汉语,虽说不了解她台词中的意义,却显得非常愉快。

李娜接着的演讲语调渐渐转为低沉,最后在慷慨激昂中戛然而止。台下的观众鸦雀无声,同她一起沉浸在悲伤之中。而这时,台下传来一个男人的笑声,他是陪同李娜来日本的助理,因为李娜刚刚用汉语背诵的是一首中国的古诗,并没有演讲什么销售经典。

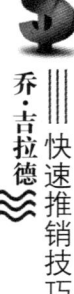

案例中,我们发现,一个人仅凭声音便可以感染他人,甚至可以完全控制对方的情绪。销售人员若能让自己的声音更有感染力,那么,你的销售业绩也一定能百尺竿头。

一个成功的销售员,都懂得用热情感染客户。他们懂得在关键时刻为客户送上最贴心、周到的服务,用热情表达对客户的尊重和敬意,做客户最热心的顾问,为客户量身定制所需产品和服务,为客户精打细算,不让客户花一分冤枉钱,让顾客时时体会到你对他的热情,感觉到销售员不仅仅是在销售产品,想赚他的钱,而是想帮助他,满足他的需求,提高他的生活质量,为他的健康幸福着想。

那么,具体来说,销售员该怎样让自己始终做到神采奕奕呢?

1. 培养客户至上的态度

人活于世,没有谁不希望得到他人的肯定,甚至可以说,得到别人的肯定是很多人不断追逐的目标。因此,你的客户,无论他默默无闻或身世显赫,文明或粗野,年轻或年老,都有成为重要人物的愿望。

在广告界,有类似以下这些标语的广告词:"精明的少妇都使用……""你值得拥有……""白领阶层的人士都会使用……"这些广告语简洁、明了,但却包含着一层含义:购买此商品以后,就会感到心满意足,是进入了某个社会阶层的标志。这样的广告揭示的最本质事实是:人人都希望获得名誉、地位以及被人认可,而这更印证了销售界人们常说的"客户就是上帝"。因此,作为推销员,你若想获得客户的认定,继而鼓舞自己,那么,你就必须明白"客户至上"的道理。

2. 注意你的交往细节

你对你现在所从事的工作是否足够有热情,会在你的行为、动作、语言上尽显出来。比如,当你与客户见面、握手时说"很高兴见到你",如果你说话有气无力、握手畏畏缩缩,那么,它只会让人觉得你是个死气沉沉的人,从而失去好感。

而如果你在说这句话的时候,面带微笑,语气活泼的话,将更能表现你的热情。工作中,你肯定经常对周围的人说"谢谢",此时,要真心实意,言必由衷。你说"早安"要让人觉得很舒服,你说"恭喜你"要发自肺腑,你说"你好吗"语气要充满了深切的关怀。一旦你的言词能自然而然地渗入真诚的情感,你就拥有了引人注意的能力了。

如果你是个缺乏热情的人,那么,建议你运用这样一个心理暗示,每天都对自己说:"我要变得热情!"并让这个自我激励深入到潜意识中去。当你在奋斗过程中精神不振的时候,这样的潜意识就会引导你采取热情的行动,变消极为积极,焕发奋斗的活力。

3. 要配合适当的表情和动作

我们都知道,与客户沟通,要注意措词和语气,这一点固然重要,但如果说话时表情冷漠,动作呆板,那么,即使再生动的语言也不能起到良好的沟通作用。因此,我们同样重视表情和工作的作用,讲话时一定要配以自然的动作、亲切的表情,使顾客心情愉快,但切忌不可夸张或矫揉造作,以免顾客反感。

当然,太热情了也不好,因为凡事都应有个量。人是有差别的,有的人喜欢跟热情的人交流,有的人却不喜欢跟太热情的人打交道,这是跟人的性格有关的。

还有一点需要特别注意,这也是很多销售员容易忽视的问题,就是要把自己的热情变成经常性的习惯。与客户交流,最忌讳的就是忽冷忽热,尤其是已经成交签约后,更要注意你的态度,绝不能一改前态,温度随之降了下来。因此,无论何时,销售员都要保持足够的热情。

另外,我们还应该看到顾客背后的力量,"回头客"非常重要,口碑更重要。而能否拉到回头客,还要视销售员能否做到热情待客,一旦口碑好了,名气出去了,客源就会越来越多,销售事业就会越做越好,越做越大,就能实现自己的人生目标!

第8章

善挖客户,每一个人都是你该珍视的对象

"一个成功的销售人员应该不断去发现新的销售手段,寻找潜在客户。"

——乔·吉拉德

推销的第一步是寻找客源,几乎每一个推销员都知道,有多少客户和如何开发客户决定了一个推销员推销事业的成败。对于一个推销员而言,寻找顾客就如同淘宝者寻找黄金一样重要。事实上,推销中从来都不缺少客户,缺少的是一双发现客户的眼睛。

名片的功用超乎你的想象

每个推销员都有自己的名片,许多推销员一年也用不完五百张,但乔一周就能用完这么多。从这里,我们能看出为什么这些推销员不能利用名片成功提升业绩了吧,为此,你不妨学习乔的方法——让名片漫天飞!

在乔刚从事推销行业的时候,他也和很多推销员一样,根本不知道如何使用名片。有人告诉他,先发给自己的亲戚或朋友,让她们购买,再发给自己最要好的朋友,让他们也来帮你个忙。然而,在乔生活的圈子里,根本没有谁能买得起汽车,因此,他只好另谋出路。有一天,他突然灵机一动:既然自己也不知道到底发给谁,那就见人就发吧!于是,无论何时何地,只要遇到了人,他就从自己的口袋里掏出名片,然后递给对方,他发现自己的这个举动,竟在无形中将自己的身份、痕迹与味道都留给了别人。随后,他干脆告诉别人:"你可以留着这张名片,也可以扔掉它。但如果留下,你就知道我是干什么的、卖什么的,我的细节你全都能掌握!"

后来,当乔成名后,他依然保持着这一疯狂的名片推销法。有一次,吉拉德在一个能容纳亿万人的体育场授课,开课之前,现场就已经人满为患。只见每一个来听课的人刚坐下,就有人把乔的名片给他,并且,每过三分钟就又会有人发送吉拉德的名片,当人们坐了十多分钟,在场的人几乎都已经有四五张吉拉德名片了。

这时,在座的听课的人已经议论开了:"为什么吉拉德这么浪费名片呢?"但此时,激情音乐突然响起来了,已经73岁高龄的吉拉德穿着西装疯狂地跳着舞走出来了,并且整整跳了四分钟,然后,他对着台下大喊:"亲爱的朋友们,想知道我成功的秘密吗?"

"想,太想了。"这些观众的情绪被调动起来了。

"请问,你们收到我的名片了吗?"

"有,有四五张。"

吉拉德听到后,哈哈大笑道:"亲爱的朋友们,这还不够……"说着,他已经打开了自己的西装,将3000多张名片像雪花一样洒出来。吉拉德说道:"好了,今天的课程到此为止。"然后,他便掉头走下了讲台。

大家都以为吉拉德在开玩笑,于是,大家在台下安静地等了十几分钟。一会儿,吉拉德再次走向讲台:"我不是说了今天的课程结束了吗?怎么你们还不走啊?"

随后,大家议论纷纷,难道我花了上万美金,就是为了来收这几张名片?

"你们都有了我的名片,那就证明我已经成功了!"吉拉德解释道。

听到吉拉德这么说,大家顿时醒悟了:原来,最简单最有效的方法,就是将自己的名片发给任何一个陌生人。

乔认为,每一位推销员都应设法让更多的人知道他是干什么的,销售的是什么商品,这样,当他们需要他的商品时,就会想到他。乔抛散名片是一件与众不同的事,人们不会忘记这种事。当人们买汽车时,自然会想起那个抛散名片的推销员,想起名片上的名字:乔·吉拉德。

然而现实生活中,有些推销员无论在什么场合,都不愿透露自己的工作,即使是回到家中也只字不提,甚至连他的妻子都不知道他是干什么的。这真有点让人不可理解。要知道,作为一名推销员,只有让更多的人知道自己,才能更快地迈向成功。因为当别人看到你的名片后,才会熟悉你的职业,才能在他们需要产品的时候,第一时间想到你!

可以说,名片是现在很常见的东西了,那么,作为销售员,你现在意识到名片的作用了吗?

1. 用作公司和品牌宣传

通常来说,业务员的名片上,也会印有公司的和企业名称、标志、业务范围等,主要是为了推广公司企业的品牌,一般名片都遵从公司企业的整体形

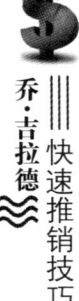

象规划。

2. 用作个人宣传

简单的来说就是为个人做广告,把自己推销出去,名片上主要是该人的姓名、职位、联系方式等,把名片给尽可能多的人,让更多的人认识了解名片主人。

3. 用作联系卡片

纯粹就做联系使用,名片上主要印制的就是推销员个人的联系方式,因为人们的交流广泛,客户见到你之后,也不一定能记住你的姓名、联系方式等,给别人一张名片,当别人要联系的时候找到名片就知道怎么联系。

上面列示了几种名片的作用,其实名片还有很多其他的作用。名片是展示个人的好机会,作为推销员,你一定要懂得用名片来收获生意,进而提升自己的业绩!

让身边人成为你发现新客户的"猎犬"

现实销售中,我们总是羡慕那些从事多年的销售前辈,他们在推销产品的过程中得心应手,有丰富的经验是一方面原因,另外一方面的原因就是他给自己编织了广大的客户关系网。他们善于从身边的人身上挖掘新的客户,他们的推销工作也就越来越顺,业绩也就相应地越来越好。关于这点,推销大师乔·吉拉德有个著名的"猎犬计划"。

他认为,干推销这一行,仅凭发掘自身的潜力还远远不够,它同样需要别人的帮助。之所以他能把推销工作做到极致,被人们尊称为"世界上最伟大的销售员",除了自身的努力和天分以外,他还充分利用了朋友和老客户来帮助他寻找新的客户和潜在客户。乔·吉拉德的很多生意都是"猎犬"(那些会让别人到他那里买东西的顾客)帮助的结果。

在每次销售出汽车之后，他总是把一叠名片和一份特别计划说明书交给客户。说明书告诉顾客，如果他介绍别人来买车，成交之后，每辆车他会得到 25 美元的酬劳。

几天之后，乔·吉拉德还会寄给顾客感谢卡和一叠名片，以后至少每年他们都会收到乔的一封附有"猎犬"计划的信件，提醒他们自己的承诺仍然有效。如果乔·吉拉德发现顾客是一位领导人物，其他人会听他的话，那么，他会更加努力促成交易并设法让其成为"猎犬"。实施"猎犬计划"的关键是守信用，一定要付给顾客 25 美元。吉拉德的原则是：宁可错付 50 个人，也不要漏掉一个该付的人。"猎犬计划"使他获得了很大的收益。1976 年，"猎犬计划"为吉拉德带来了 150 笔生意，成交额约占总交易额的三分之一。

乔·吉拉德这种销售策略也符合美国著名的心理学家和人际关系学家戴尔·卡耐基说过的一句话："一个人的成功是靠 85% 的人脉关系，15% 的专业知识取得的。"一个优秀的推销员懂得人际关系的重要性，他们更懂得如何利用身边的人包括每位客户为他再介绍客户。其实，无论是你的亲戚、朋友还是老客户，都能成为你发现新客户的猎犬。要知道，一旦介绍程序开始运作，你就不需要面对陌生的准客户了。而如果由你自己去开发客户的话，你可能要经过多次拜访、多次面谈，还不一定能够成功。

那么，具体来说，销售员应该怎样做，才能让你身边的人甘愿当你的猎犬呢？

1. 常联系，关心你的"猎犬们"，并让他们知道你的近况

通常来说，向我们的亲戚朋友推销，比向陌生的客户推销容易得多。因为他们喜欢你，相信你，希望你成功，他们总是很愿意帮你。但前提是，你要懂得"人情先行"这个道理，没有人喜欢与"无事不登三宝殿"的人来往，即便是你再要好的朋友也是如此。

为此，你要从内心真正关心他们，并且常联系他们，让他们知道你的近

况，知道你正在销售行业，有新的产品。

从现在起，与他们联系吧，告诉他们你已经开始了一项新职业或开创了新企业，你希望他们与你共享您的喜悦。

2. 将最优良的产品推销给你的"猎犬们"

你若希望你的亲戚、朋友或者老客户帮助你，你就必须首先把好质量关，把质量优良的产品卖给他们。如果你向其推销的是产品质量不过关或者价格昂贵的产品，那么，你失去的不仅仅是一个客户，还有他们的信任，从身边的人中开发客户资源这一优势条件也就丧失了。

因此，你可以尝试向他们推荐您确信的优良产品，以此获得他们们的积极回应，并成为你最好的顾客。

3. 以他们为客户中心，扩散客源

不管你身边的人有没有购买需求，你都要联系他们。寻找潜在顾客的第一条规律是不要假设某人不能帮助您建立商业关系。他们自己也许不是潜在顾客，但是他们也许认识将成为你顾客的人，不要害怕要求他们推荐。你要取得他们的同意，与您分享您的新产品、新服务以及新的构思时的关键语句是："因为我欣赏您的判断力，我希望听听您的观点。"这句话一定会使对方觉得自己重要，并愿意帮助您。

总之，一名优秀的销售人员要头脑灵活，善于运用对自己有利的一切力量。从身边的人开始挖掘客户资源。

制订潜在客户名单，宁可被拒也绝不放过

兵法云：谋定而后动；凡事预则立，不预则废，开发新客户亦是如此。每开发一个新市场，必须有明确的思路和战术细节，因此，营销人员要想成功地开发新市场和新客户，除了要进行充分的相关准备后，更应该拟定一份详

细的潜在客户的名单。然而,在进行这一工作的过程中,很多推销人员因为害怕拒绝,而轻易放弃某些客户。实际上,正如乔·吉拉德所说的那样,销售就像谈恋爱,一开始被客户拒绝是常有的事,但只要我们有足够的耐心,对客户予以足够的关心,那么,他们是乐于成交的。

我们不妨先来看看制订潜在客户名单的重要性:

这天,保健器材推销员小唐敲开了事先预约好的某住户的门,开门的是位先生,看到小唐,这位先生很客气地说:"请进。"

进入客户的家后,小唐准备与客户寒暄一番,于是,他说:"刘先生,您家里这么多字画都是您自己的笔墨?"

本是句赞扬的话,但客户听完以后,却脸色大变,对小唐说:"对不起,我姓陆,不姓刘。一个销售员,连客户的姓名都记不清楚,还谈什么销售。"这句话说得小唐丈二和尚摸不着头脑,明明姓刘,怎么成姓陆了?难道真是记错了?

于是,小唐只好离开。回到公司后,他打开了前段时间在做客户调查时留下的资料,天哪,真是姓陆,怪不得客户会生气。

自从这件事之后,小唐吸取了教训,开始养成了制订潜在客户名单的习惯,并对这些客户的资料进行整理和分类,以免再发生这种记错客户名字的事情。

案例中,保健器材销售员小唐在拜访潜在客户之前,因为准备工作做得不充分,而造成了叫错了客户姓名的失误。这对于客户来说,无疑是一种不尊重,他被客户拒绝也就理所当然。

那么,作为推销员,我们该如何对这些潜在客户的名单进行管理,又该如何在推销中打动客户呢?

1.潜在新客户名单的管理

一般来说,销售人员需要对潜在客户进行分析,然后对这些资料进行归类整理以及建立档案,制作整理成客户名册。制作客户名册的作用在于将客户细分,进而将其备案,作为评价其信用度的资料源;也可使得收款工作更为容易;有助于其他相关商品的推销。

另外,由于顾客类型不同,所整理的客户名册内容也有所不同。如家庭型顾客,其档案一般包括姓名、年龄、职业、住址、家庭成员情况、情趣爱好、性格、购买方式等信息。

企业型的客户名册则包括客户的经营手段、从业人员的状况、销售能力、年度销售额、该公司商品的市场占有率、付款能力、货款回收情况、银行往来、金融关系以及是否有不考虑利润而乱加抛售的情形。

2.拜访客户前的准备工作

(1)出门前不要忘记检查是否带上了样品和相关宣传资料。

(2)最好提前电话预约,确保准时到达。

(3)组织语言,确定拜访时和客户大致要交谈的内容。

总之,要真正做到成功开发新客户,销售员必须要做到以上几点,而市场开拓仅仅是营销工作的第一步,但只有具备良好的开端,才可能有后面的辉煌。

善于挖掘,让老顾客的需求源源不断

当你成功把产品卖给客户、与客户签订购买协议后,你是不是认为接下来的工作就是售后服务了? 这一点,我们不能否定,但你想过没有,你的客户还有没有其他需求呢? 其实,当你们双方建立了良好的关系后,进一步去挖掘客户新的需求,并针对这些需求展开进一步的销售,成功率往往是很高的。当然,让客户产生新的需求,还需要我们销售员善于挖掘。

一天,城市中的超级市场迎来了这样一位应聘者。他是一位乡下小伙子,看起来土里土气的,老板问他:"你以前做过销售员吗?"

小伙子说:"我在村子里推销过皮鞋。"

老板挺喜欢他的机灵:"你明天可以来上班了。等下班的时候,我会来看一下。"

一天的光阴对这个乡下来的穷小子来说太长了,而且还有些难熬。但是年轻人还是熬到了5点,差不多该下班了。

老板真的来了,问他说:"你今天做了几单生意?"

"一单。"年轻人回答说。

"只有一单?"老板很吃惊地说:"我们这儿的售货员一天基本上可以完成20到30单生意呢。你卖了多少钱?"

"30万美元。"年轻人回答道。

老板更加吃惊了,"你怎么卖到那么多钱的?"

年轻人说,"是这样的,一个男士进来买东西,我先卖给他一个小号的鱼钩,然后中号的鱼钩,最后大号的鱼钩。接着,我卖给他小号的鱼线,中号的鱼线,最后是大号的鱼线。我问他上哪儿钓鱼,他说海边。我建议他买条船,所以我带他到卖船的专柜,卖给他长20英尺有两个发动机的纵帆船。然后他说他的大众牌汽车可能拖不动这么大的船。我于是带他去汽车销售区,卖给他一辆丰田新款豪华型'巡洋舰'。"

老板几乎难以置信,他倒吸了两口冷气:"一个顾客仅仅来买个鱼钩,你就能卖给他这么多东西?"

年轻售货员回答道:"其实不是这样的,他是来给他妻子买卫生棉的。我就告诉他:你的周末算是毁了,干吗不去钓鱼呢?"

可能有些销售员认为,上面这个推销案例简直是天方夜谭,但它却是个真实的故事。这个故事告诉所有的推销员,如果我们通过努力,让客户购买了产品,这并不意味着推销的结束,聪明的推销员还会巧妙挖掘此客户的新需求,让其购买其他产品。

有些推销员可能会存在这样的顾虑:客户已经购买了产品,再为其推销其他产品,是不是贪婪之举?这会不会引起客户的反感?而实际上,这一顾虑是多余的。要知道,客户有这方面的需求,如果客户不从你那里购买,那么,这笔生意就会落入其他推销员之手;再者,客户之所以已经购买你的产品,说明对推销员本身包括产品都已经认可,因此,新一轮的推销也会简单得多。

挖掘老客的新需求有众多益处,那么如何去发现这些新需求呢?

1. 运用多种方法,搜集关于客户需求的信息

推销员在挖掘客户需求的时候,一定要拓宽思维,因为客户并不一定会主动告诉你他需要什么。为此,你可以从客户身边的人进行探寻,比如,客户的家人、下属、朋友等;另外,推销员也可以根据手头现有资料进行分析,得出结论;销售员还可以进行切实有效的实际考察,确定客户还需要哪些产品或服务……只有这样才能更充分、准确地把握客户的实际需求。为做好进一步的推销工作,提供更有力的保证。

2. 适时地提出新一轮交易的要求

当推销员了解清楚客户的新需求时,就应该选择一个良好的时机提出新一轮的交易。这个良好的时机一般指的是客户心情良好、轻松和谐的交谈氛围下,这样不会让客户感觉到我们对他施加的压力,也不会让客户感觉我们过强的销售目的。你可以对客户说:"王总,听说您近段时间准备扩大生产规模,不知道在设备方面,我们能不能帮到您?"

此外,向客户提出新一轮交易的要求,一定要以真诚为前提,要站在客户的角度说话,让客户觉得你是为其着想,这样会让客户更容易认可你。

3. 进行新一轮谈判

在确定确定客户有某方面的需求时,销售员就需要围绕客户的真实需求展开新一轮的谈判。这时候要刺激客户的需求,让客户产生购买的意愿,并利用之前交易的良好基础进一步说服客户,促成交易的最终完成。

在新一轮谈判的过程中,要尽量在先前交易的基础上谈判,并紧紧围绕

客户的需求，牢牢抓住客户的心，这样才有助于销售活动的顺利开展。

值得特别注意的是，在谈判过程中销售员不能急功近利，给客户的成交压力越大，成交越难完成，不利于长久的发展。

4.注意你的语言技巧

针对不同的客户，销售员在进行再次推销的时候，可以采取不同的询问方式，比如，对那些对以前的成交结果比较满意的客户，销售员可以这样说："听说您擅长各种乐器，其实，除了这种合金制作的乐器，我们公司还专门针对高档乐器设计了很多优质的木制乐器，现在这种木制乐器特别畅销，你不妨看看他们的制作工艺，相信您肯定会喜欢，如果您比较感兴趣的话，咱们今天正好有时间谈一谈……"

而对于那些疑心较重的客户，你可以这样说："听说贵公司最近打算要在××地区新开一家分店，那一定需要不少基础设备吧？"销售员最好不要直接地进行询问，而要一面通过巧妙的旁敲侧击了解相关信息，一面留心客户的反应。

总之，销售员要用诚恳的态度向客户进行询问，而且要向客户表明你及你的公司愿意与其保持长期友好合作的愿望。

拓宽视野，一个关系点可以扩展出无数关系网

对于任何一个推销员而言，在销售前，摆在自己面前的第一个难题，就是要不断寻找客户，进而才能推销自己的产品，没有潜在客户，销售从何谈起？但事实上，开发潜在客户也并非难事，只要我们能拓宽视野，你会发现，一个关系点可以扩展出无数关系网，但前提是，你要让这个一个"关系点"对我们感受良好。关于这点，推销大师乔吉拉德在从事推销事业之初，便已经深知这一点了。

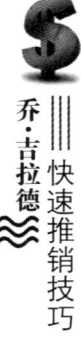

乔·吉拉德刚开始卖车时,老板只给了他一个月的试用期。时间过得真快,29天过去了,他却一辆车也没有卖出去。最后一天,他起得比以前更早了,到各处去推销,到了下班时间,仍然没有人肯订他的车,老板准备收回给他的车钥匙,并且辞退他。

乔·吉拉德坚持说:"这一天还没有结束,我还有机会。"于是,他坐在车里继续等。

午夜时分,传来了敲门声。乔·吉拉德异常兴奋,以为终于等来了一个客户,打开车窗却看到一个卖锅者,身上挂满了锅,冻得浑身发抖,满脸的沮丧,看见车里有灯,想问问车主要不要买口锅。乔·吉拉德看到这个家伙跟自己同病相怜,就请他坐到自己的车里来取暖,并递上热咖啡。由于两人是同行,于是慢慢就聊了起来。

乔·吉拉德问:"如果我买了你的锅,接下来你会怎么做?"

卖锅者说:"继续赶路,卖掉下一口锅。"

乔·吉拉德又问:"全部卖完以后呢?"

卖锅者说:"回家再背几十口锅出来接着卖。"

乔·吉拉德继续问:"如果你想使自己的锅越卖越多,越卖越远,你该怎么办?"

卖锅者说:"那就得买辆车了,不过现在买不起。"

乔·吉拉德兴奋地说:"正好我就是卖车的,你可以先从我这里预订一辆车,只收你一口锅的钱,作为回报,我会帮你推销你的锅。"

卖锅的人听到有人肯帮自己而且订金确实便宜,就答应了他,决定5个月后来提车。

正是因为有了这张订单,乔·吉拉德被老板以留了下来。

此后,乔·吉拉德一边卖车,一边帮助卖锅者寻找市场,卖锅者生意越做越大,3个月以后,提前提走了一辆送货用的车。而这位卖锅者也没有忘记吉拉德,连续不断地为其介绍新客户。

吉拉德从说服卖锅者开始,就坚定了信心,相信自己一定能说服更多的客户。同时,通过第一份订单,他也悟出了一个道理,推销就是一门双赢的艺术,如果只想自己赚钱,很难获得客户的心,只有设身处地为客户着想,帮助客户成长或解决客户的烦恼,才能赢得更多的订单,而正是这一推销理念,让吉拉德在15年间迈出了一万多辆汽车!

从吉拉德的推销经历中我们发现,只要我们拓宽思维,善于找到一个关系点,我们的销售之路就打开了。

对此,我们需要做到以下几点:

1. 建立"口碑效应"

无论你推销的是什么,口碑都是慢慢建立起来的,这个过程中,如果客户满意,他一定会转告身边的人,为你宣传;但如果他不满意,他也不会忘记向身边的人发泄,这无异于在为你做负面消息的传播。因此,作为推销员,一定要重视每一次与客户接触的机会,对于客户的问题也应真诚地解答,即使产品已经卖出,也不要忘了售后是另一次推销的开始这个道理。另外,还应和吉拉德一样,真正设身处地为客户着想,真正做到双赢,唯有如此,我们才能获得源源不断的客源。

2. 利用核心人物销售

任何一个潜在的客户群,都有核心人物,这些核心人物,一般都是有一定影响力的。利用核心人物的方法,就是推销员集中精力对核心人物公关,拉近与核心人物的关系,使核心人物为我们推销,从而使他周围的人都成为我们的准客户。当然,要做到这一点,需要销售员下一番工夫,不过,如果使用得当,往往能起到事半功倍的效果。

3. 走出自己的圈子,多认识一些朋友多的人

有些推销员,在从事推销工作的过程中,反而陷入了与同行交流的误区,殊不知,这样,只会让目光和客源都局限在自己的小圈子里。

相反,如果你能走出自己的圈子,多认识一些朋友多的人,那么,朋友的

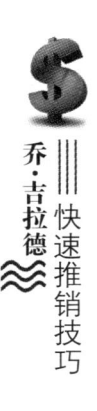

朋友也可能成为我们的朋友，无形中，和我们站在一个方阵的人也就多了，能使我们的人脉资源倍增。而在这一过程中，我们的职业和产品也在被宣传着。

当然，人人都在认识新朋友，但能不能将新认识的朋友巩固下来，就看我们的"修行"了。我们要与这些新朋友常联系，否则，关系被"搁浅"，生意也就断了。

"250法则"，看到顾客背后的顾客

推销过程中，很多推销员都为寻找潜在客户犯愁，但他们没有意识到，其实任何一个老客户背后都有更多的潜在客户，这需要我们发掘。关于这一点，推销大师乔·吉拉德有个著名的"250法则"。对于我们来说，要寻找250个顾客并不是一个小数目，然而，这250人往往就取决于一个人对我们的感受，换句话说，只要我们能够牢牢抓住一个顾客，便可以为自己开拓250个新客户了。

吉拉德认为，每位客户的背后，都与大约250个人有着联系，这些人一般是客户的朋友、亲人、同学、同事等，如果一个推销员得罪了一个人，那么，便有250个人不愿与之打交道。乔·吉拉德把这种现象称作"250法则"，由此并得出结论：在任何情况下，都不要得罪哪怕一个客户。

关于吉拉德的"250法则"，有这样一个来源：

那时，乔·吉拉德进入推销行业不久。有一天，他去参加一个朋友母亲的葬礼。

葬礼进行一段时间后，葬仪社的职员向现场的参加者分发印有死者名字和照片的卡片，乔·吉拉德早知道这种情况，但却从未特别思考其意义。这天，吉拉德突然有种很强烈的好奇心，于是，他便询问葬仪社的职员："怎样决定印刷多少张这种卡片呢?"

那位职员回答说:"这得靠经验。刚开始,必须将参加葬礼者的签名簿打开数一数才能决定。平均数约为250人。"

后来,一位服务于新教徒葬仪社的员工向乔·吉拉德买车,待一切手续完成后,吉拉德问那位员工每次参加葬礼的人平均约多少人,他回答说:"大概250人。"

又有一次,乔·吉拉德与妻子应邀参加一个结婚典礼,遇见了那个婚礼会场的经营者,乔·吉拉德问他一般被邀参加结婚仪式的客人人数,他如此回答:"新娘这边约250人,新郎那边估计也是250人。这是个平均值。"

通过这几件事,吉拉德感觉到自己好像发现了什么,但是他并不确定自己的发现是否准确。于是,在其他的生活领域,他专门做过调查,直到最后他终于确定"250"这个数字的重复出现并不是一个巧合,它是一个人在他的生活、交往领域中与之关系比较亲近的人的总数。

这一发现让吉拉德认识到了一个人的人脉之广,也让他认识到了需要礼貌对待任何一个客户的重要性,因为他知道得罪一个顾客的代价太大了。

从此,乔·吉拉德每天都将"250法则"牢记在心,抱定生意至上的态度,时刻控制着自己的情绪,不因客户的刁难,或是不喜欢对方,或是自己心绪不佳等原因而怠慢客户。因为他始终觉得,你只要赶走一个客户,就等于赶走了潜在的250个客户。当他与客户接触时,不管自己内心产生何种想法,都不会把情绪表露出来,他所关心的只是生意。

那么,我们该如何理解"250法则"?

其实"250法则"并不深奥,也特别容易理解。很简单,你可以计算一下,假如你现在已经成年,并已经有一份稳定的工作,有固定的生活圈子,那么,你可以从小学时候计算起,你还需要经历初中、高中、大学等,这一过程中,无论你学习成绩如何,你应该都有些朋友。如果以每个求学阶段可以认识40个同学来计算,三个阶段就已经有120条属于同学的人脉关系了,另外,

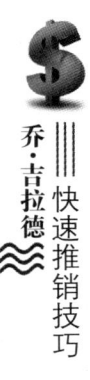

加上你周围亲戚 30 人、朋友 30 人、师长 30 人、学长与学弟学妹 30 人、邻居 20 人、职场中的同事 30 人,或住所附近提供生活所需的商家……统计起来,早就超过 250 条人脉。另外,你必定还参加了一些社会团体、学习组织、工作团队等,都会增加自己的人脉。由此看来,我们可以说,每一个人都应该有超过 250 个人脉关系,而且这些数据还会随着年岁的增长、与人接触机会的增多而累积出更加丰富的人脉。

总之,250 人只是个平均值。不管你对于每天接触的客户具有何种想法,这都无所谓,重要的是你对待他们的方法。你必须时时牢记,你目前从事的是做生意,在做生意的时候,无论对方是否是你所讨厌的人,都不能任意得罪,毕竟他们是有可能将钱放入你口袋的对象。

客户对推销员而言,是这个世界上最重要的人,可以说是推销员的衣食父母。置身于现在这个严密而现实的商业世界里,假如无法发现这个事实,就没有资格谈论生意。

总之,任何一个推销员都应该记住:每一位顾客身后,大体有 250 名亲朋好友。如果你赢得了一位顾客的好感,就意味着赢得了 250 个人的好感;反之,如果你得罪了一名顾客,也就意味着得罪了 250 名顾客。这就是乔吉拉德成为世界上最伟大的汽车销售人员的核心秘密。

第9章

感性销售,用真挚的情感化解顾客的疑虑

"不论你推销的是任何东西,最有效的办法就是让顾客相信——真心相信——你喜欢他,关心他。"

——乔·吉拉德

作为推销员,我们不得不承认这样一个事实:客户与我们接触之初,往往会存有一种戒备心理,认为销售人员是为其自身利益,千方百计地想把产品销售给自己,因此,作为销售人员,在与潜在客户沟通的过程中,最重要的任务之一就是让客户信任你。而"动人心者,莫先乎情",人都是情感丰富的动物,只要做到以情动人,不吝啬你的关心,不吝啬你对客户小小的帮助,让准客户随时感受到你的关心,自然会取信于你。

乔·吉拉德的独创秘籍——感性销售

我们都知道,人都是感情的动物。对于推销员而言,如果我们能对客户关怀备至,那么,我们便能轻易地感动他们,进而建立深厚的情谊。一旦彼此之间有了感情,我们还怕客户不购买我们的产品吗?当然不,世界上最伟大的推销大师乔·吉拉德认为,卖汽车,人品重于商品。一个成功的汽车销售商,肯定有一颗尊重普通人的爱心。吉拉德的爱心体现在他的每一个细小行为中,正是这种许许多多细小的行为,为他创造了空前的效益,使他的推销取得了辉煌的成功。

自尊心是每个人都有的,无论他是高高在上的一国领袖,还是沿街乞讨的流浪者。人人都渴望得到别人的尊重,但是你是否给予了别人足够的尊重呢?《诗经》中说:"投我以木瓜,报之以琼琚。"只有首先尊重别人,才能赢得别人的尊重。只有给予客户足够的爱心和尊重,才能得到客户的认可和好感,才有可能卖出你的产品。

销售员可以以朋友的心态来面对每一个客户,多站在客户角度想想,考虑一下客户的利益以及客户的想法。可能客户一次两次不能接受自己,只要我们是真诚的,我想第三次就能打动他了,真心付出总会有收获的。

善辩不一定就是优秀的销售员,销售员与客户结缘,也绝用不上什么高深理论,最有用的可能是那些最微不足道、最无聊甚至十分可笑的废话,但这些话只要能说到客户的心坎上,就能打动客户,就能产生积极的效果。只有当客户了解到你是多么关心他们时,他们才会在乎你。

真正关心你的客户,就要:

①千万不要撒谎,谎言是致命的。

②珍惜客户的时间。

③销售中,如果你对自己的产品介绍有误,就要大胆承认,否定只会让客户对你质疑,影响信任度。

④多为客户考虑,不仅要满足客户表面要求,更要为客户提供深层次的想法和意见。

⑤永远不要否定你的客户。

⑥理解你的客户,他是繁忙的,他的工作压力来自各个方面,还有很多工作和生活中的烦恼。

⑦让你的客户感受到来自你的尊重,让他在同事或者上司面前有面子。

⑧学习你客户的业务,要求不知足地学习客户的业务。

⑨如果你对客户的业务不熟悉,就不要不懂装懂,对于不懂的问题,不妨直接问他,他是喜欢与别人谈论他的业务的。

⑩保持热忱的态度,情绪不要激动,你要稳重并有做生意的样子,冷静地工作。

当然,在与客户沟通的过程中,要让客户感到你的关心是诚实的,客户是不愿意和一个虚伪狡诈的人沟通的。因此,销售人员说话一定要恰如其分,符合双方的身份,不然,就会引起客户的反感。

倾听的技艺成就销售的辉煌

诚然,作为销售员,我们不得不承认,任何一位销售员,要想推销成功,就必须具备良好的口才,但口才并不意味口若悬河、夸夸其谈。有专业人士称:"很多销售员认为要让别人同意自己的观点,就必须滔滔不绝,借以压倒对方。事实上,这是一种很不划算的愚蠢举动。"实际上,每个人都有倾诉的权利,当一个人有很多话要说的时候,他不会真心听你讲话。而你说得越

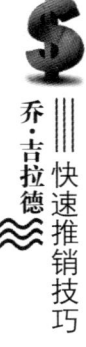

多,对方就会越讨厌你。可见,好口才意味着在正确的时候说正确的话。即使你具备好口才,也不如安静地听对方说。

推销大师乔·吉拉德说过:"世界上有两种力量非常伟大,其一是倾听,其二是微笑。你倾听对方越久,对方就越愿意接近你。据我观察,有些销售员喋喋不休,因此,他们的业绩总是平平。上帝为什么给了我们两只耳朵一张嘴呢?我想,就是要让我们多听少说吧!"

为什么乔会得出这一结论呢?因为他从自己的客户那里学到了这个道理,而且是从教训中得来的。

有一天,乔·吉拉德接待了一位客户,这位客户对乔所推销的汽车很满意。因此,乔对这位客户要买车有十足的把握,就差最后的签单了。但此时的乔似乎有点掉以轻心了。

他们一路走向办公室,客户满面春色地说起他儿子来。

"乔,我儿子要当大夫了。"

"那好哇。"乔·吉拉德说。走进办公室时,大厅里几位销售员在说说笑笑。客户还在讲,乔·吉拉德则留心着外边。

"嗨,我儿子棒不棒?"他还说个不停。

"成绩很好,是吗?"乔·吉拉德问,眼睛仍盯着大厅里的那帮人。

"班上前几名呢。"他答道。

"他中学毕业后想干什么?"

"我刚跟你说过了,乔,他念书要当大夫。"

乔·吉拉德说:"太好了。"他看了客户一眼,忽然意识到刚才一直没注意听。他眼睛有点异样的神情。

客户突然说:"啊,乔,我得走了。"说完便离开了。

第二天下午,乔·吉拉德打电话到客户办公室,说:"请您回来买车。"

"噢,大人物先生,"客户接着说,"世界头号销售员先生,我要告诉你,我已经从别人那儿买了车。人家能体会我的心情,听我夸我儿子。乔,你没听我说。告诉你吧,大人物先生,有人跟你讲他喜欢什么不喜欢什么的时候,你应该听他们说,全神贯注地听!"

乔·吉拉德猛然醒悟到自己做错了事,赶忙说:"先生,如果因为这个,您不买我的车,这确实是个很好的理由。不过,我现在想告诉您我是怎么想的。"

"什么想法?"

"我觉得您很不了起。您认为我无能,我很难受。但能不能请您帮一个忙?"

"帮什么,乔?"

"希望有一天您能再来,让我有机会证明我是个好听众,我愿意为您效劳。当然,如果您再也不来了,我也不会有任何怨言。"

三年后,那位客户又来了,乔·吉拉德卖给他一辆车。他不只自己买,还介绍了好几十位同事来乔·吉拉德这儿。再后来,那个客户又从乔·吉拉德这儿买一辆车,送给他儿子吉姆大夫。

乔·吉拉德12年内共售出13000多辆小汽车,被誉为"全球推销大王"而载入了《吉尼斯世界记录》。乔·吉拉德成功的原因就在于认真倾听客户的讲述,和客户成为朋友。

乔·吉拉德对倾听做了简单的总结,他认为,当我们不再喋喋不休,而是听听别人想说什么时,至少可以从中得到两个好处:体现了你对对方的尊重;获得了更多成交的机会;

倾听,是销售的好方法之一。日本销售大师原一平说:"对销售而言,善听比善辩更重要。"销售员通过听能够获得客户更多的认同。

那么具体来说,销售员应该如何倾听呢?

1. 集中注意力,专心倾听

在倾听客户谈话时,不要东张西望,也不要拖着疲惫的身体,要打起精神,这是有效倾听的关键,也是实现良好沟通的基础。要做到这些,就应该

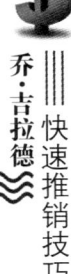

在倾听前就做好心理、身体上的准备。

2. 不随意打断客户谈话

没有人喜欢自己的谈话被人随便打断，因此，一旦客户的积极性被你"消灭"后，再与客户沟通就难了。所以，你最好不要随意插话或接话，更不要不顾客户喜好更换话题。

3. 从人们一般比较关心的话题入手

要探寻出客户关心的话题，我们可以根据具体的谈话环境，多仔细观察并积极倾听，然后进行分析得出，继而引入共同话题。比如，销售人员可以从客户的事业、家庭以及兴趣爱好入手等谈起，以此活跃沟通气氛、增加客户对你的好感。

① 通常情况下，人们一般都对以下问题比较感兴趣：

② 客户曾经获得过的荣誉、公司的业绩等。

③ 客户的兴趣爱好，如某项体育运动、某种娱乐休闲方式等。

④ 关于客户的家庭成员的情况，比如，孩子几岁了，学习状况，老人的身体状况等。

⑤ 某些焦点问题，比如，房价，车价，油价等。

⑥ 客户内心深处比较怀念或者难忘的事情。

谈论客户的身体，如提醒客户注意自己和家人身体的保养等。

当然，除了倾听与询问等方式外，我们还可以在与客户进行销售沟通之前，有必要花费一定的时间和精力对客户的特殊喜好和品位等进行研究，这样在沟通过程中才能有的放矢。

由此可见，成功销售是有章法可循的。只要你在销售过程中巧妙运用沟通技巧，不断探索总结自身的销售心得，就能在销售交谊舞中游刃有余。

用自己的经历感动顾客的心

作为推销员,我们都知道,在向客户推销的过程中,客户是心存芥蒂的,他们认为推销员多半是为了推销而推销,他们甚至吃过推销员的亏。因此,此时,如果我们一味地向客户推销,有时不但不能打动客户,反而会加重客户的疑心,而如果我们能体会客户的情感,谈谈自己的经历,那么,便能很快拉近与客户的心理距离。

一般来说,成功的推销员都具有非凡的亲和力,他们非常容易博取客户对他们的信赖,他们非常容易让客户喜欢他们,接受他们。换句话说,他们会很容易跟客户成为最好的朋友。许多的销售行为都建立在友谊的基础上,我们喜欢向我们所喜欢、所接受、所信赖的人购买东西,喜欢向我们具有友谊基础的人购买东西,因为那会让我们觉得放心。所以一个销售员是不是能够很快地同客户建立起很好的友情基础,与他的业绩具有绝对的关系。

推销大师乔·吉拉德有这样一次推销经历:

有一天,乔·吉拉德的车行里来了一对夫妇,乔立即迎出来接待他们。

"你们好,选中自己喜欢的车了吗?"在对方在车行看了一会儿后,乔很热情而礼貌地上前询问道。

"你这里的车不错,不过我们还得考虑考虑。"

其实,当客户说出这句话的时候,乔已经判断出了客户的心理,于是,乔准备再试探一下。

"你们知道吗,我跟我太太也和你们两位一样。"

"一样?是吗?应该不会吧?"他们说。很明显,他们产生了兴趣。

乔·吉拉德说:"我们家每次在准备添置某些大件之前,我都要和太太谋划半天,常常是思虑再三,生怕买了不好的产品,花了冤枉钱,怕自己对产

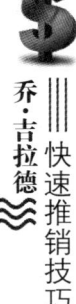

品了解得不够而上了推销员的当。也正因为我知道消费者在购买产品时有这一担心,我在做销售时,从不让我的客户感受到任何强迫,我要给客户充分考虑的时间。说实话,如果不这样的话,我宁可不和你们做生意。当然,请别误会,我真的很想同你们合作,但对我来说,更重要的是,你们在离开时能够有一种好心情、好感觉。"

"先生,很高兴你您能这么想,谁说不是呢?谁都希望买到放心的产品。不错,我们从不向那种企图强求的推销员购买任何东西。"那对夫妇说。

乔·吉拉德接着说:"讲得对,我很高兴听你们这样讲,我请求两位花点时间,好好想一想。要是需要我的话,请叫我一声,我随时恭候。"然后,乔·吉拉德就回到他自己的办公室,静静地等待。

当然,乔·吉拉德知道"想一想"的含义对他们来说不会仅仅是几分钟,而可能是好几天,而自己却不能放走这么好的机会。于是10多分钟后,乔·吉拉德回来,若无其事地对他们说:"我有一些好消息要告诉两位,我刚刚得知我们的服务部最迟今天下午就能把你们的车预备好。"

"我们想明天再来。"

"明天?"乔·吉拉德笑了笑,"今天能做的事最好不要拖到明天,如果你们确实拿不定主意的话,可以多方面考虑考虑,我看两位都是利索的人,很快就会下决定的,对不对?"

其实,如果是真心购买的客户,今天买和明天买的确没什么区别,所以,当乔·吉拉德利用"今日事,今日毕"的说辞营销时,也就是顺理成章的了。

他们夫妇二人也的确是当即拍了板:"好吧,我们现在就买了。"

推脱是人的普遍特征,推销员在工作过程中会经常碰到这样的情况,如果缺乏技巧,那推销成功的机会就变得非常渺茫,而如果能像吉拉德这样巧妙的引导,就会有所斩获。

可见,在销售中引入情感,几乎可以在任何问题上帮助你获胜。通过这种方法,让客户依赖你、喜欢你、接受你,当客户对你产生依赖性,喜欢或接受你这个人的时候,自然也会比较容易接受和喜欢你的产品。一个被我们所接受、喜欢或依赖的人,通常对我们的影响力和说服力也较大。亲和力的建立是人与人之间影响及说服能力发挥的最根本条件,亲和力之于人际关系的建立和影响力的发挥,就如同盖大楼之前须先打好地基的重要性是一样的。所以,学习如何以有效的方式和他人建立良好的亲和力,是一个优秀的销售人员所不可或缺的能力。

那么,作为推销员,我们在推销的过程中,可以谈及自己的哪方面的经历呢?

1. 和客户谈谈自己曾经被骗的经历

通常来说,我们在购买某些产品时,或多或少会因为粗心大意被一些巧舌如簧的推销员欺骗过,而这些经历,我们的客户肯定也有过。我们如果能将这些经历拿出来和客户分享下,那么,不仅能和客户找到共同话题,还能引起客户的共鸣,同时,也会赢得客户的信任。

2. 与客户聊聊自己在销售过程中的"光荣事迹"

如果你告诉你的客户,你曾经帮助其他客户解决某些难题,或者做了某些好人好事等,那么,势必会让你的客户对你刮目相看,对你的信任度也会大大增加,但前提是,你所说的每一个"事迹"都必须是真实的。

当然,这里,推销员可以与客户分享的经历并不只以上两种,凡是能起到打动客户的目的的经历,都可以拿来为我们所用!

做知己,替顾客说出心底的烦恼

通常来说,我们都有几个自己可以倾吐内心的死党,也就是人们常说的"知己"。人们对陌生人抱有戒备心理,但却对自己的知己信任有加。因此,作为销售人员,在与潜在客户沟通的过程中,如果能与客户做知己,真正从

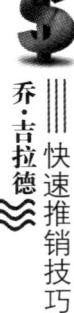

客户的角度考虑问题,那么,便能让客户信任你。现实推销中,可能一些销售员会产生疑问,为什么客户总是把我当出气筒,总是向我倾诉不快,其实此时,你应该庆幸,你的客户已经开始信任你了,他的心扉已经向你敞开,希望得到你的回应和帮助。实际上,那些销售能手通常都懂得察言观色,在客户尚未道出自己的苦恼之前,他们就能主动替客户说出。推销大师乔·吉拉德成功推销的一个秘诀就在于此。

为此,作为推销员,我们一定要具备良好的素质和心理条件,结合客户不同的心理状态,付出自己的爱心,使顾客先接受自己,继而接受自己所销售的产品或服务。

这天,化妆品推销员小林来到某准客户家,开门的是位年轻的太太,很明显,这位太太很不高兴,脸上还挂着没擦干的泪水。小林赶紧说:"太太,您怎么了,遇到什么伤心的事情了吗?"

客户:"没有,您是哪位,我不认识你!"

小林:"我是一名化妆品推销员,在敲开您的门之前,我是准备向您推销产品的,可是当我看到您一脸的愁容,我觉得我有其他的使命了。"

客户:"真是很感激你,其实,我没什么事。"

小林:"家家有本难念的经,我能理解,尤其是咱们女人,要操持好一个家,努力经营好一段婚姻,真不是一件容易的事。"

客户:"你说得太对了。我的丈夫就是一个永远不知足的男人,我这么努力,家里家外,他却一回来就跟我吵架,甚至连我做的饭都不吃,我都不知道该怎么办了,难道他也喜欢上了别的女人?"

小林:"太太,我觉得您需要勇敢一点,要和您的丈夫谈谈,这样问题才能解决,不然即使您伤心,他也不知道啊。"

客户:"你说得有道理。我是该找个机会和他摊牌。对了,你刚说你推销化妆品,都是什么样的产品?"

当面对关系不紧密、甚至完全陌生的销售员,这位太太即使"心有千千结"，也不愿向小林倾吐，而当小林以坦诚的态度道明自己的原本来意和对自己的关心，她对小林的防备心就稍微松弛了一点点，而当后来小林谈到一个女人的难处时，更让她感同身受，于是，她的心就彻底向小林敞开了，也就把小林当成了情感倾诉的对象，主动问及产品更是水到渠成的事。

可见，与陌生客户交谈，我们如果能善加引导，打开客户的心扉，让其对我们一吐为快，那么，不仅有利于了解其内心真实想法，还有利于拉近和客户在心理上的距离，让他更容易接受你，从而获得销售上的成功。

这里，我们就需要把客户当成真正的朋友，与客户交谈时千万不能带着强烈的目的性，不要每次见到客户都谈论推销，你自己会给自己很大压力，感觉很不自然。相反，如果把老客户当做真心朋友相处，你会很轻松，在业务上更会有意外收获。因为，如果你单纯把自己与客户的关系保持在买卖上，你就会以产品为导向地与客户交往。而把自己作为客户知心朋友时，你在和客户的沟通中就会以客户需求为导向。这两种导向的不同，最终会决定你在事业上能走多远。

具体来说，我们需要做到：

1. 从情感上关心客户

日本著名的保险销售能人山田正皓接受一家杂志的访问时曾说："与客户接触时，一走进门，要让客户感觉舒服，而不要让其感觉到压力，他们就会和你建立长期的业务关系，他们会逐渐喜欢上你、信任你。这个原则年复一年跟随着我，成为我开展销售业务的基石。你先别管任何其他的技巧，也不要去尝试它们。你只要想办法让客户觉得和你在一起很舒服，喜欢并且信任你，让他们觉得你是来为他们提供服务的，而不是来卖东西的就行了。"

山田正皓在销售过程中总是竭尽全力地鼓励和关心客户，使客户感到温暖，把他当成知心的朋友，这对他的销售工作发挥了积极的作用。二十几年来，他因业务关系结识的朋友超过数千人，而且大部分都保持着联系，这又为他的销售工作产生了不可估量的推动作用。

2.体会客户的心情故事

一般来说,当客户心中不悦的时候,对于我们的推销会采取拒绝的态度。当听到客户的拒绝,你应先要求自己想到的不是责怪客户的不通人情,而是要帮客户编一则心情故事。或许他周末没休息好,所以和我说改天再说;或许他刚被老板骂,心情不太好;又或者……

总之,不要先想客户的不对,而是先站在客户的立场,帮他编一个理解他的心情故事,好好体会,品尝人间百态,这不也是一种销售的收获吗?

这就叫做同理心,通常你以这样的心态和客户交流,客户会觉得你是个值得托付心事的人,会把你当朋友看待。当客户对你倾诉的私人故事越多,离你的成交也就越近了。

3.认真倾听,鼓励客户多说

如何让客户对我们掏心掏肺,很简单,那就是不断鼓励他说。这其中,更需要我们懂得如何倾听:倾听时绝不可左顾右盼、心不在焉;倾听时要懂得反馈,向对方表明你对其情感的理解;可以适当的重复客户的话,这表明你正在认真听。

当然,如果客户存在某些我们能为其解决的难题,行动比语言更有说服力,你的帮助一定会让他对你感激万分,成功推销也就不在话下!

用真诚的赞美去愉悦顾客的心

人们常说:"人性的弱点之一就是喜欢别人赞美。"因为人类都长着一双爱听赞美之言的耳朵,每个人都希望自己被尊重、被认同、被肯定等,与此同时,每个人都会觉得自己有可夸耀的地方,所以,只要销售员能很好地利用客户这一爱听好话的心里,就能成功地接近顾客,进而获得顾客对自己的好感,推销成功的希望也就大得多了。

但赞美客户并不是毫无章法地赞美他人,最忌讳的就是空穴来风、含糊空泛地赞美,毫无根据地奉承一个人,这样,反而会弄巧成拙。因此,我们在赞扬客户时,一定要真诚,这也是赞美的基础。推销大师乔·吉拉德曾说:"所有最重要的事情,就是要对自己真诚,并且就如同黑夜跟随白天那样地肯定,你不能再对其他人虚伪。"松下幸之助也曾说:"在这个世界上,我们靠什么去拨动他人心弦?有人以思维敏捷、逻辑周密的雄辩使人折服;有人以声容并茂、慷慨激昂的陈辞动人心扉……但是,这些都是形式问题。我认为在任何时间,任何地点,去说服任何人,始终起作用的因素只有一个,那就是真诚。"

乔·吉拉德是个很会赞美顾客的人,如果顾客和他的太太、儿子一起来看车,乔会对顾客说:"你这个小孩真可爱。"

不仅仅是乔·吉拉德,日本推销大师原一平也深知真诚赞美的力量:

原一平有一次去拜访一家商店的老板。

"先生,您好!"

"你是谁啊?"

"我是明治保险公司的原一平,今天我刚到贵地,有几件事情想请教一下您这位远近闻名的老板。"

"什么?远近闻名的老板?"

"是啊,根据我调查的结果,大家都说这个问题最好请教您。"

"哦!大家都这样说啊?真是不敢当,你说吧,到底什么问题呢?"

"实不相瞒,是这样的……"

"站着谈不方便,请进来吧!"

……

每个人都渴望被别人赞美,获得认同,客户也是,这里,销售大师原一平之所以能成功推销,就在于他学会了赞美。用第三者"大家"的口吻去称赞商店老板"远近闻名",给老板予以肯定,赢得了老板的好感和认同,接下来的沟通就容易多了。

赞美客户是件好事情,但并不是一件简单的事。尤其是那种毫无根据、泛泛而谈的赞美,更有奉承之嫌,那么,作为销售员,我们该如何赞美客户呢?

1. 赞美要有根据

销售员在赞美客户时,一定要有根据,这里的根据,指的是赞美要实事求是,要具体,这样的赞美才显得真实,才容易让人接受。那么,哪些是赞美中的"根"和"据"呢?其实很简单,我们可以尽量让赞美细节化,避免泛泛之谈,比如,我们在与客户交谈的时候,可以赞美客户的经历、办公室的布置等。

2. 间接比直接赞美更有效

不太适合直接赞美客户的时候,我们就可以选择间接赞美的方式,而这一方式,通常更能彰显出赞美的效果。间接赞美的方法有很多种:

(1)赞美客户最关心的人或事。比如,你发现客户的车很好,但你并不能直接对客户说:"这车,真不错!"因为你这样说,还有另外一层含义,车子怎样,多半是厂商的功劳,客户只是花钱购买,因此,聪明的你应该找到客户更想听到的话,比如:"这车保养得真好!"或"你挑车的眼光真好!"这就真的是赞美客户了。

而如果你的客户是位女士,那么,她最为关心的话题也许并不是她自己,而是她的丈夫和孩子,如果你能从这一点赞美,那么,你就会发现,这比赞美她自己本人还要令她高兴。

(2)借用第三者的口吻来赞美。直接恭维,会让客户觉得有奉承之意,而如果你能借用第三方的口吻,则会显得更真实,比如说:"怪不得小张说您越来越漂亮了,刚开始还不相信,这一回一见可真让我信服了。"这样对客户说就比说:"您真是越长越漂亮了"好得多。

(3)从否定到肯定的赞美。这种用法一般是这样的:"我很少佩服别人,您是个例外。"这样赞美,更显真实。

3. 善于发掘客户的亮点,赞美要有新意

不是每一个客户都是成功人士,也并不是每个人身上都有那些闪光点,他们多半都是平凡人,鲜有卓越的成绩。因此销售员在面对客户时,应该从客户身上的具体事件入手,任何的细节都不放过。只有你的赞美深入具体,客户才会觉得你对他足够重视,才能感觉到他所获得的肯定是真实可信的。

4. 发挥语言的魅力

语言是一门艺术,赞美也不例外,只有对语言的准确把握才能很好地说出赞美的话语。要根据对象、时机、场合的转换,用不同的语言措辞,恰当地表达你的赞美之情。语言是销售员与客户沟通的重要手段,赞美要发自内心的真诚。

总之,赞美要落到实处,就要找到具体的赞美点,这个赞美点必须是客户身上真实存在的,在赞美时指出细节,说明它的特点,给出自己的评价,这样的赞美会让客户有真实感,才会让客户认同你的说法,从而改变态度,就你的推销进行商谈。

讨巧煽情让顾客喜欢上你

在现代产品营销中,随着消费品市场的扩大和客户对产品知识的充盈,客户逐渐变得更加理性,不再轻易为了商家的促销活动而冲动购买,他们更需要一种亲情式的服务。但就在这种情况下,还是有很多客户会为了那些简单直白的销售而被感动,原因在哪？就在于销售过程中销售员抓住了客户的心。"动人心者,莫先乎情",与冷冰冰的销售言辞来相比,热情、充满关爱的关怀有时更容易打动这些感性的客户。因此,作为推销员,与其将产品的煞费苦心地劝说客户购买,倒不如用温情打动客户。但要做到这一点,还

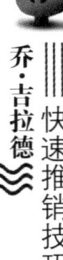

需要我们推销员善于在推销工作中讨巧煽情。

推销大师乔·吉拉德就很善于迎合客户的心理。有个顾客问推销员他的旧车可以折合多少钱,推销员粗鲁地说:"这种破车。"乔绝不会这样,他会告诉顾客,一辆车能开上12万公里,他的驾驶技术的确高人一筹。这些话使顾客开心,赢得了顾客的好感。

当然,推销过程中的讨巧并不一定体现在语言上,有些推销员用实际行动赢得了客户的信任。我们再来看看下面这个推销案例:

珍妮是一名优秀的房地产促销员,很多客户购买了她所推销的房子后,仍然与她保持着密切的关系,有的甚至还成为她的朋友,并帮她做生意,她为什么能获得如此成功呢?

原来,珍妮在进行推销的工作中,不只是单纯地向客户推销房子,而是"送温暖到家",真诚地帮助每一位顾客,帮助他们解决生活中的烦恼。比如,她会经常给自己的顾客打电话嘘寒问暖,定期到顾客家中拜访,询问他们房子的使用状况。如果出现什么问题,她会及时帮助顾客解决物业纠纷。此外,当她的顾客乔迁新居后,她还会准备一份精美的礼物登门拜访,安排新住户加入当地的居民俱乐部,帮助他们融入全新的生活环境。珍妮的热情和细心,让她的顾客们感动不已。于是,那些她服务过的顾客,都会热心地把自己需要买房的亲戚朋友介绍给她。这样,她的口碑越来越好,业务也就越来越顺了。

人们在需要他人帮助的时候,是最容易感动的,这就是为什么珍妮选择雪中送炭。当这些客户感激涕零后,与推销员珍妮的关系也由单纯的业务关系上升到朋友关系,自然也就愿意帮助珍妮。可见,与人为善,用温情打动他人,不但能为你赢来好人缘,还能帮助你敲开客户的心灵。

可见,用情感打动客户,还需要我们用具体行动来实现,比如,在客户最无助的时候及时出现,帮客户解决某些生活中的难题,为客户做些举手之劳的小事等,让客户真正感受到我们送去的温暖,自然愿意对我们打开心扉!

在生活中,我们可以承受严厉的斥责,却难以抵抗温柔的劝说;我们在强硬的态度面前往往会不依不饶,丝毫不为所动,而在和颜悦色的劝说下,却能够网开一面,做出让步。那么,具体来说,我们在推销过程中,怎样做到讨巧煽情呢?

1. 不要急于谈生意

客户也是人,也会受情感的左右。所以,如果在接近客户之初,不要急于谈生意,先与客户寻找共同感兴趣的话题,在不做生意只谈朋友的前提之下,和客户取得了心灵的共通,博得了相互之间的认同。"先做朋友,后做生意",既然是客户的朋友了,对于客户说,跟自己熟悉的朋友合作,自然要比跟陌生的人合作更加放心了。只要做成了朋友,那么你的单子自然很快就签下来了。

2. 理解客户的情感,说话时以情动人

销售员可以以朋友的心态来面对每一个客户,多站在客户角度想想,考虑一下客户的利益以及客户的想法,倾听他们的想法。可能客户一次两次不能接受自己,只要我们是真诚的,第三次就能打动他了,真心付出总会有收获的。

3. 雪中送炭,为客户排忧解难

日本著名的保险销售能人山田正皓有一次去拜访一位老客户——一家房地产公司的总裁。他到达客户的办公室时,正巧遇到这位总裁的一个朋友为了不知如何运用一块闲置的土地而发愁。他立刻为其介绍了一家专门建设出租公寓的建筑公司。还有一次,他主动撮合一家电视公司与另一家电脑软件公司的负责人认识,目的就是想助他们一臂之力。

在山田正皓的销售工作中,他始终在思考自己能为客户做些什么。他的客户中不少是企业的经营者,遇到这些客户,他就会想,自己能为他们的企业做什么,能给他们什么样的利益,这个思考模式就是他的销售哲学。

尽管销售员和客户之间存在着利益关系，但是这种利益关系并不是赤裸裸的金钱交易，其中还包含着人与人之间的温暖和真情。销售员要多关心客户的生活，关注他们身边发生的事情，这样无形之中就会渗透到客户的生活中去。销售员要学会在"关键时刻"送去你的问候，用情感温暖客户。

第❿章

电话生金,透过声音的销售密码

"最初我只靠着一部电话、一支笔和顺手撕下来的四页电话簿作为客户名单拓展客源,只要有人接电话,我就记录下对方的职业、嗜好、买车需求等细节,虽吃了不少闭门羹,但多少有些收获。"

——乔·吉拉德

电话约见客户为买卖双方都带来了便捷,约见事宜通过电话来解决,他使得销售员免除了奔波之苦,也为客户节约了时间。但成功地打给客户电话需要掌握一定技巧。可能很多营销人员在给客户打电话的时候,吃了"闭门羹",实际上,客户并不是对电话销售这种模式反感,而是对拨打电话的人的不满。同一个公司的电话销售,不同的销售人员拨打可能就会有截然不同的效果,销售人员的能力起着举足轻重的作用。电话销售人员掌握娴熟的销售技巧,就能让客户接受,从而促成销售。

用好电话这根销售黄金线

随着通讯行业的兴起,电话为销售人员的工作带来了便捷,通过电话与客户展开沟通,也成为每一个销售人员每天的日常工作中必不可少的一项工作。对于这种销售方式,一些销售人员认为,打个电话给客户没有什么大不了的,无非就是打电话给客户说明一下自己的身份及销售目的,或者再通过询问等方式了解一下客户的需求,等等。但实际情况并非如此,我们不谙合理的电话销售语言流程,就会出现:当我们还没完全地亮明身份的时候,就会遭到客户毫不客气的拒绝,甚至干脆挂断电话不再给销售人员以任何展开推销的机会。因此,推销员必须用好电话这根销售黄金线,否则,不但会浪费了自己及客户的宝贵时间,而且还会引起客户的不满。

世界推销大师乔·吉拉德在从事推销行业之初,没有人脉的他,最初靠着一部电话、一支笔和顺手撕下来的四页电话簿作为客户名单拓展客源。只要有人接电话,他就记录下对方的职业、嗜好、买车需求等细节,虽吃了不少闭门羹,但多少有些收获。因为有严重口吃,让得靠嘴谋生的乔吉拉德特地放慢说话速度,比谁都更注意聆听客户的需求与问题。而曾有人在电话中用"半年后才想买车"的理由打发他,半年后,乔吉拉德便提前打电话给这位客户。

乔吉拉德很有耐性,不放弃任何一个机会。或许客户五年后才需要买车,或许客户两年后才需要送车给大学毕业的小孩当礼物;没关系,不管等多久,乔吉拉德都会不时地打电话追踪访问客户。

吉拉德就是靠着掌握客户未来需求、紧迫盯人的黏人功夫,促成了不少生意。其实,随着现代社会快节奏生活的来临,人们逐渐发现了电话销售这一有效的销售模式,其有效性也逐渐被广大的销售公司认可,但因为很多销售员并没有注意到其销售方式和技巧,以及他们并没有意识到电话销售可以作为一种正规有效的销售渠道,所以,很多时候,他们销售的效果并不理想。

那么,作为推销人员,该注意哪些电话销售中的因素呢?

1. 有的放矢,以约见客户为目的

一般而言,电话推销虽然比登门拜访方便很多,但也不能没有目标地拨打电话。为了提高约见客户的成功率,销售员在拨打电话前,应该对所有要打电话的客户进行一些筛选,对其购买情况做一个详细的了解和分析,以避免推销,节省资源。

2. 透过声音显示你的自信

作为销售员,你的自信代表的就是产品的质量和自身素质与能力的肯定,从你与对方对话开始的那一刻,你就要能自信地介绍自己、介绍公司和产品。说话做到简捷、中肯,但不要急促。口中不要有妨碍说话的东西,例如,香烟、口香糖等。

如果你在打电话之前比较紧张的话,可以深呼吸几次,使自己的心平静下来,并使自己的声音变得沉稳有力。

3. 把握好通话的时间

最好的拨通电话的时间是上午十点左右的时间,因为下午很难联系到别人,并且那时候人们最容易走神。对于那些没有经验的销售员,可能你拨出的第一个电话,因为你的紧张而没有沟通好,那么,你应该远离电话休息一会,让情绪冷静下来。避免在临近下班时间打很长的电话,因为这样可能会大大拖延了对方的下班时间。

4. 电话要简短

打电话做销售拜访的目标是获得一个约会。你不可能在电话上销售一种复杂的产品或服务,而且你当然也不希望在电话中讨价还价。

电话做销售应该持续大约 3 分钟,而且应该专注于介绍你自己、你的产品。你要大概了解一下对方的需求,以便你给出一个很好的理由让对方愿意花费宝贵的时间和你交谈。最重要的是别忘了约定与对方见面。

5. 讲话应注意礼貌和说话语气

销售员是靠嘴吃饭的,嘴上功夫如何,直接关系到销售员的业绩,具有良好的口才的销售员一般是会把礼貌性用语"您好""打扰您了""如您不介意的话"等礼貌用语,当成口头语的。同样,开门见山也是较受欢迎的说话方式,拿腔拿调、故意卖关子、吞吞吐吐都易招致对方反感。

6. 电话推销不能急于推销产品

电话营销与约见形式的推销活动毕竟不同,电话销售应以介绍产品信息与了解对方的购买状况为主,如果你急于卖出产品,则可能会物价必反。相反,你降低推销意味,反而易于达成约见机会。比如,做过自我介绍之后,你可以说:"我想问您一下,贵公司有没有这样节约生产力的仪器?"如果对方回答"有",则进一步问清其购买的年限、牌子、生产厂家、使用情况怎么样等,然后再介绍自己的产品。如对方回答"没有",就可以直接介绍自己的产品,最后约定见面商谈的时间。

7. 不忘约见或者下一次电话沟通

在这一问题上,销售员要掌握主动权,不可将约定时间的机会交给客户,因为,出于抵触心理,客户一般都会说:"我最近没空,过几天再说吧!"所以,在这里销售人员一定要提封闭式的问题,用问题引导客户,让客户接受你的建议。

相信推销员们掌握以上几点注意因素,能避免很多电话营销中的很多问题。

把握细节,接挂电话不是简单地拿起放下

现代社会,作为一名推销人员,就必须学会利用电话营销。对此,可能

一些销售人员认为,电话营销与面对面推销不同,可以相对松懈很多。其实不然,电话营销,无论在任何时候都要讲究必要的礼仪。这是因为,你的专业能力和素质乃至产品给客户的印象如何,都是通过电话传达的,你在电话中的声音、措辞等不仅仅代表的是你自己的形象和身份,而且还代表了整个公司的形象。如果你不够礼貌、不够专业,那么,无论是公司还是销售员自己,在客户心中的印象都会大打折扣;相反,如果在客户打电话给销售人员的时候,当销售人员能够礼貌、专业地为客户解答疑难问题,并主动热情而适度合理地与客户建立友好的合作关系时,客户定然会对你及你的公司产生良好印象,并愿意继续与你展开进一步的沟通。

通常来说,与客户电话沟通中,通常我们给客户的印象如何,取决于电话接通的那一刻和挂电话的瞬间,因此,我们尤其要注意电话接起挂下间的礼仪。

我们先来看看下面这位推销员是如何接挂电话的。

销售员小丁和很多白领一样,每天都得挤公交、地铁上班。今天早上,他起床晚了,他急赶慢赶上了公车,之后,好不容易下了公交,还没站稳,他口袋里的手机就响了。一脸不高兴的小丁过了好长一段时间才接电话,他听到电话那头传来:"您好,请问是××公司的丁××吗?我是××的经理××,是这样的,上次在展销会上你给我留了一份资料和你的名片,最近我需要购进一批新的生产设备,我今天的打电话的目的就是想问问你们公司都有哪些机型?另外,我还想顺便问一下……"

听到是客户的电话,小丁赶紧说:"哦,是这样的啊,真对不起,现在不方便和您商量这事,我还没到公司,公司还有领导们等着开会,要么等下午有时间的时候我再给您打回去,怎么样?"

虽然小丁已经表明自己正在忙碌,但客户还是觉得自己作为买方,怎么会销售员这样的应付。客户因此而感到十分生气,于是他也立刻回答道:"既然你这么忙,那就算了,我再找其他厂家联系吧!"

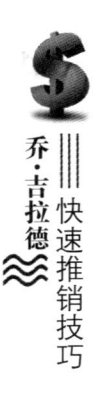

好不容易忙完了手头上的事情,已经是下午了,这时,小丁才想起早上给自己打电话的客户。"这可是一个大客户啊",小丁心想着,于是急忙翻出客户的电话打了过去:"喂,您好!我是××公司的丁××,上午您给我打过电话,当时我正赶着上班,实在是不好意思,请问您找我有什么事呀?"

在听到小丁这样说以后,客户冷冷地回答说:"哦,我上午想问你的事已经有另外一个厂家的销售人员帮我解释清楚了,我已经打算从他们那里购买设备了,我现在也很忙,再见!"紧接着,小丁就听到了对方挂机的声音。

……

我们从上面的案例中可以发现,刚开始,这位客户是对小丁的产品有很大的需求的,从客户主动打电话问询就知道,但小丁却亲手断送了这笔生意。首先,他接电话的速度过慢,让客户觉得自己被怠慢了;然后,他还告诉客户自己没有时间。要知道,对于销售人员来说,任何事情都没有与客户进行交易更重要,而这位客户的来电显然是一次非常重要的交易机会。

1. 接电话时要注意

(1)接电话要及时。一般情况下,当电话响铃三次以后,我们再拿起话筒接听是最好的。因为,让客户等待时间过长,会让对方觉得自己受到怠慢;接听速度过快,也会给拨打电话的人以措手不及的感觉,这样接听电话的销售人员可能会留给拨打电话者以不够沉稳、过于急躁的印象。

拿起电话后,应该立即向对方问好,有时还需要销售员自报家门:"你好,这里是A公司的销售部门。"接手机的时候也可以不必自报家门。如果在第三声响铃之后才接起电话,销售员要主动致歉:"对不起,让您久等了。我是王林,请问你有什么事吗?""喂,您好!我是×××,实在不好意思,刚才我到经理办公室了,听到电话响才急忙赶回来……"

(2)接电话时的动作。接电话的时候,销售员切忌气喘吁吁、慌慌张张地接电话,也不要漫不经心、拖拖拉拉地接电话;另外,销售员应该随手拿着一支笔,顺手将重要的事情或是电话号码记下来。

（3）中断谈话时要加以说明。如果销售员因为某些重要的事，在接起电话后，不能与对方继续通话，最好同客户再约时间进行通话。比如，你接了客户的电话，但此时你却有一个重要的会议参加，你可以这样说："对不起，李先生，我呆会儿有一个重要的会议要参加，我稍后再同您联系。"

2.结束电话时的注意事项

（1）多用感谢与赞美的语言。这样，客户会感到非常开心，愿意与您继续展开进一步的交流。比如，销售人员可以在结束电话时这样说："和您说话我感觉非常有趣，您真是一位幽默开朗的人，希望您每天都能保持好心情！"

（2）轻放电话。交谈完毕以后，你在电话没挂断前最好不要随意同旁边的人谈话。要轻轻地放下电话后，再另行谈论其他的事情。这是礼节，也是对客户起码的尊重。

另外，在结束电话的时候，销售人员还要特别注意一点，那就是，一定要询问客户是否还有其他问题，或者主动询问客户还有哪些需要与要求，等等。比如："很高兴咱们今天能聊这么多，不知道还有哪些事情我可以帮得上忙？""我刚才说的不知道清不清楚，您看还有什么问题需要问的吗？"

如果销售员在接挂电话间能注意以上几点，就一定能展示出自己的专业风范，并获得客户的认可。

电话里的轻松幽默，缓解尴尬

在电话营销的过程中，作为推销员，我们都希望能为交谈营造出一个良好的氛围，但事实上，这只是我们的美好愿望，很多时候，由于客户对销售人员的本能性拒绝，交谈很可能便陷入尴尬场景中，此时，如果我们能灵巧应对，实时地幽默一番，那么，不仅能化解尴尬，还能让客户对我们留下良好

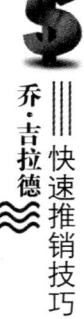

印象。

销售员:"您好,上帝!我今天给您打电话呢,就是想知道您是怎么看待保险的,您可以简单地说说您的想法吗?"

客户:"你叫我什么?上帝?"

销售员:"呵呵,客户都是我们的上帝,您是我们的客户,自然也就是上帝了。我可是特意来拜访上帝的,您总不能让我失望而归吧?"

说罢,销售人员笑了,客户也笑了。由于销售人员的友好和独特的方法,谈话得以顺利进行。

销售人员出其不意又不失礼节地称呼客户为"上帝",会让客户非常惊讶。在交谈中多些幽默和随和,通常不易遭到客户拒绝;另外,这种富有创造性又不乏幽默感的开场白还能让客户对销售人员产生好感,更有利于销售的进行。

面对不甚理想的沟通环境,销售人员可以通过自己的语言或行为引导客户把注意力从对沟通环境的不满转移到销售活动当中,即用自己营造的良好氛围来减少客户对环境当中不利因素的关注。那么,电话销售过程中,我们该如何通过轻松幽默来调节谈话氛围呢?

1. 语言轻松,充满热忱

要想营造良好的通话氛围,销售人员必须要在整个沟通过程当中充满了热忱,如果销售人员连最基本的沟通热忱都没有的话,那么客户也不会对这样的通话产生任何兴趣的。充满热忱的态度与话语还可以让对方充分感受到你的自信以及你对其的重视和关注。客户在做出购买决定之前是需要从销售人员那里获取足够多的自信与关爱的,而热忱的态度与话语恰恰能帮助销售人员将这些有效地传递给客户。

2. 削弱你的推销目的

对陌生的推销员,客户一般都是心存芥蒂甚至是排斥的,因为大多数人对自己的利益都有本能的保护意识,或者不愿意被打扰,因此,推销伊始,你绝不可表现出太强的"推销味道"。销售沟通的最高境界,就是在客户不知不觉的情况下成功地推销自己的产品,也就是说,要使客户意识不到你们之间的买卖关系。

总之,电话销售过程中,轻松幽默的语言能使局促、尴尬的推销场面逐渐变得轻松和谐,使客户消除拘谨不安,降低心理的戒备程度,从而拉近与我们的关系,这样就容易在交谈中打开了突破口。

礼貌用语改变客户的态度

现代社会,人们购买产品,越来越看重销售人员的服务态度。而良好的服务与礼貌用语是分不开的。电话沟通中,销售人员的态度、表情虽然不能被电话线另一端的对方所直接看到,可是通过声音传达出来的热情、积极与真诚却完全可以通过电波得以有效的传递。因为当你发自内心地说出这些礼貌用语的时候,你的表情也是微笑的,你就处于一种轻松愉悦的状态,声音也是欢快的。相反,如果你的神经紧紧绷着,只会越来越紧张,就会让客户对你表示怀疑。另外,从销售人员自身来说,面对枯燥无味的电话销售,如果你散发出你的服务热情,使你为客户提供周到的服务,那么,即使简单的礼貌用语也能改变客户的态度。

推销员杨英在单位是个销售精英,这与其良好的销售态度是有很大关系的。每次打电话,无论客户的态度怎么样,她都是礼貌回应。这天,和往常一样,在给准客户打电话前,先对着镜子整理了一下衣服,然后深吸了一口气,露出一个非常热情的微笑。她告诉自己:这可能又是一个非常难说服的客户,但无论怎样,都要热情地微笑。准备就绪后,她拿起了电话。

"喂!你好,是××公司吗?我想找一下×××经理。"杨英面对微笑地询问。

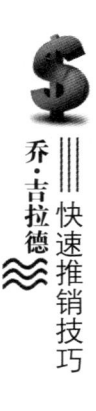

"请问您是哪里？找我们经理有什么事？"很明显,接电话的不是经理秘书就是助理。

"我是×××公司的杨英,昨天我给你们公司发了一封快件……"还没等杨英说完,对方打断道:"又是想搞推销的吧？对不起……"

这一切都在杨英的意料之中,所以,他也有应对措施。她的的脸上依然洋溢着他的招牌式笑容,接着,她又说道:"您先别挂电话,我知道您每天很忙,而且每天也会接到几十个类似的推销电话,您已经接到很烦了。不过,请您相信,我并不想浪费您的时间,而且我的时间同样十分宝贵,而我只是想和×××经理谈一下,因为我知道贵公司正在扩大生产规模,而我们公司生产的设备是目前国内生产效率最高,性价比最高的。另外,最近,我们公司正在进行回馈客户的活动。所以,请您帮忙转一下×××经理,非常感谢您的帮忙!"

听到杨英这样说,对方也不好再生硬地拒绝她了,而且她也不想让一家很可能十分优秀的原材料供应商与公司失之交臂,于是她告诉了杨英那位经理的分机号码。由此,杨英也成功地跨出了此次电话销售的第一步。

案例中,销售员杨英之所以改变了接线人员对自己的态度,由刚开始的拒绝到后来的接受,是因为她从拿起电话之初就始终保持礼貌的态度,并且一直都努力保持着热情的销售语言,从而打动了对方。可见,即使是平平的礼貌语言也能引起客户的认同。

的确,销售员是靠嘴吃饭的,嘴上功夫如何,直接关系到销售员的业绩,具有良好的口才的销售员一般是会把礼貌性用语"您好""打扰您了""如您不介意的话"等礼貌用语,当成口头语的。

那么,电话营销过程中,销售人员应具体说那些礼貌用语呢？

1. 电话接通时确认双方身份时的礼貌用语

通常情况下,销售人员需要在接听电话的第一时间首先说明自己的身份,同时还要及时确认对方身份。比如:

"您好,我是××公司的×××,请问您是哪一位?"

这样做一来可以迅速向对方介绍自己的公司及名字,二来也可以马上弄清来电者的身份及意图。

如果销售人员能够在对方一出声时就听出对方是哪一位客户,那么最好能热情而主动地上前确认,比如:"是××公司的刘总吗?我是××公司的×××呀!"另外,在这种情况下,即使销售人员认为自己能够确认对方身份也要再向对方确认一下,以免出现差错,因为电话中人的声音有时会与现实生活当中的不同,而且声音相似的人在电话中说话时也很难分清。而一旦发现自己的判断与真实情况不一致时,就要马上采取巧妙手段加以道歉和解释:

销售人员:"请问是××公司的刘总吗?"

客户:"不是,我姓张,是××公司的……"

销售人员:"噢,实在是不好意思,在电话里听您的声音和××公司的刘总特别像……"

2. 结束电话时的礼貌用语

在结束电话时,多用感谢与赞美的语言,客户会感到非常开心,愿意与您继续展开进一步的交流。

"真的很感谢您打电话问我这些,您给了我一次认识您的好机会,再次感谢您打电话给我……"

"和您说话我感觉非常有趣,您真是一位幽默开朗的人,希望您每天都能保持好心情!"

另外,在结束电话的时候,销售人员还要特别注意一点,那就是,一定要询问客户是否还有其他问题,或者主动询问客户还有哪些需要与要求,等等。

"很高兴咱们今天能聊这么多,不知道还有哪些事情我可以帮得上忙?"

"我刚才说的不知道清不清楚,您看还有什么问题需要问的吗?"

作为销售员,无论在生活或是工作中遇到什么难以解决的问题或者烦恼,都不要把情绪带到电话营销的工作中。如果你以礼相待,那么,那些没有意向的客户都会很有礼貌地拒绝你,而有意向的客户都能直接地告诉你想知道的东西。可是,如果你是一副冷冰冰的面孔去和客户进行沟通,那么客户必定也会冷冰冰地拒绝,即使那些对你的产品或服务有需要的客户也不会考虑与你合作的。

区别客户性格特征,沟通用准最佳方式

在具体的电话销售实践中,那些业绩出色的优秀销售人员并非具有天生的好运气能够使自己遭遇更少的客户拒绝,推销员乔吉拉德也是如此。事实上,他们遭受的客户拒绝并不比其他销售人员少。可是,这些销售人员为什么总是能够成功地化解客户的拒绝并从客户的拒绝理由当中找到成功的机会呢?这是因为这他们具有更加出色的信息分析能力、敏锐的体察能力以及灵活的反应能力,他们懂得依据客户的性格特征,寻找到最佳的与客户的沟通的方式。

销售员:您好,王先生,打扰了。我是A公司的小王,我们上次在贵公司见过面,还记得吗?

客户:记得,上次不是和你说清楚了吗,那么公司的产品有很多瑕疵,这样的产品我们不能用,你怎么还打来?

销售员:不好意思,又给您添麻烦了。上次的产品我们卖得很好,可能是您误解了。不过,这次,我只是想给您提供一些能够帮助您节省30%的成本的一些资料,我们可以见一面吗?见一面不会做成生意,但是,确实能帮到你!

客户:还是上次你推销的那种设备吗?

销售员：不是，是另外一种，准确地说是我们的科技结晶，价值所在。

客户：哦，那具体是什么呢？

销售员：我一时也说不清楚，而且担心误导先生，如果你有时间，我给你看些资料，你看怎样？

客户：行啊！

很明显，范例中的客户是属于严谨的一类人，而销售员采用的办法就是，用利益来诱惑客户，使得客户有继续听下去面谈的欲望。

电话销售，需要的就是销售员的口才和机智的大脑，在电话接通的那一刹那，必然会遇到许多不同类型的客户。如果不能正确了解各种类型客户的性格特点，就很难做到对症下药。所以销售员在销售中研究客户的性格特点尤为重要。

下面介绍几种不同类型的客户以及相应的应对方法：

1. 严谨型客户

上例中的客户就是严谨型的。一般来说，这类客户有自己典型的特点：做事小心谨慎、喜欢刨根问底、细枝末节都不放过，对于销售员介绍，他们更是会不断追问，"你为什么要干销售""你年龄有多大"等。而对于产品，他们更是疑虑重重："这也太不安全了吧。""你们的售后有保障吗？能不能确定？"

的确，这类客户是难缠的，不仅耗费工作时间和精力，还不一定有积极的销售结果。对于这一类客户，我们自然不能与其耗时间、回答其无穷无尽的问题，也不能对其冷淡，为此，我们应该注意以下几点：

（1）拿出权威证据和资料，"堵住"客户的嘴。你可以这样说："如果先生还有什么顾虑的话，希望您看查看一下这些资料。"

（2）找机会让自己理清思绪。

（3）让自己的语言更富有逻辑性、经得起推敲，无论是产品介绍还是说服交易或是约访，都要有道理，否则这些严谨的客户不会轻易接受。

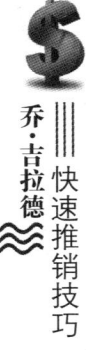

2.热情型客户

热情的客户在电话接通的时候,销售员就能感受到他的热情。他们一般很健谈,讲话有条有理、抑扬顿挫、铿锵有力,销售员时常能听到他们爽朗的笑声。同时,他们很有自己的想法,也希望别人能顺应他们的想法。

热情型的客户活泼外向,善于交际,积极乐观,对销售员比较友好。他们的沟通能力较强,而且反应迅速,富有创造力。他们为人做事爽快,决策果断,比较喜欢新潮的东西,有时候会感情用事。销售员在同他们建立感情的时候会比较容易。

一般来说,热情型的客户希望对方也能报之以李,他们渴望对方的认可和肯定,总是希望成为别人关注的对象,形成自己的影响力。所以销售员在同这部分人打交道的时候,要注意以下几点:

(1)赞扬对方。在交谈过程中,热情型的客户会时常提出自己的想法和建议,这时候,销售员不要与之争论,反而要学会赞扬对方。

(2)销售员在向这部分人介绍产品或服务的时候,最好顺应他们求新、求异心理,向他们推荐那些比较新颖、特别的产品或服务。利用产品的新包装、新特点等,强调产品的个性化趋势来吸引客户。我们还可以以"新"来敲开对方的大门。

3.挑剔型客户

挑剔几乎是每个客户的"毛病",尤其是对产品熟悉的客户。在销售员准备推销的时候,很多挑剔型的客户就开始滔滔不绝的抱怨了:有的客户常常会对我们的产品、公司甚至是销售员百般挑剔,一会儿不满意产品的质量、价格;一会儿嫌产品性能不好;一会儿又抱怨公司不够优秀,服务不够完善等。他们就是典型的挑剔型客户,总是希望得到最好最完美的产品。

在同挑剔型的客户交流时,销售员应该注意以下问题:

(1)保持冷静,控制自己的不良情绪,平静地对待挑剔者的种种责难。这类客户一般是愿意购买的,只是嘴上不饶人,只要顺着他就行,销售员千万不能批评或是责骂客户,更不能挂电话。先顺从客户的意见,然后再婉转地指出客户的错误。"您说得有道理,但是……"这种句式不仅能顺利表达销售员自身的想法,而且还照顾到了客户的情绪,非常有效。

(2)主动为客户找到购买的理由。客户会挑剔说明他有很多的异议。但主要的异议是什么,就要销售员具体问题具体分析了。洞悉背后的主要异议是打开客户心扉的关键。找到客户挑剔的原因以后,我们就应该针对客户的真实需求,主动为客户寻找购买的理由,一次次强化产品的优势,促成约访。

4.专业型客户

很多客户在有些领域涉足很深,有时候比销售员更加专业,懂得更多。很多销售员被这些客户问得哑口无言。比如,他们总是会问:"这种产品的技术缺陷解决了没有啊?""据我所知,利用这种机电所生产的产品都会存在一些问题。"这就是专业型客户。这些问题,很多销售员都回答不上来。

面对专业型客户具有挑战性的提问,我们应该认真地审视自身的能力和技巧。一般情况下,一个优秀的销售员最希望遇到的就是比较在行的客户,因为在介绍产品时,可以不必费时费力地向对方解释。但如果销售员自身能力不足,不仅不能获得客户的认可,而且还会影响企业或公司的形象。所以销售员应该注意:

(1)在做销售工作时,一定要注意加强自身的专业素质,要对自己销售的产品有很深的了解和认识,这样才足以面对那些提问专业的客户们。

(2)赞美客户的专业性,并一一解答问题,千万不能回避。对于一些局限性的问题要实事求是地加以说明。

总之,销售要达到的最终目的是卖出产品,但在电话销售中,只有听出对方的性格特点,对症下药才能加快销售进程,达到销售目的。

第11章
成交有道,快速销售就要有所谋略

"诚实,是推销的最佳策略,而且是唯一的策略。但绝对的诚实却是愚蠢的。推销容许谎言,这就是推销中的"善意谎言"原则。"

——乔·吉拉德

销售最终的目的是成交,这和销售员的销售业绩直接挂钩。成交是销售的最后一道关卡,这个阶段事关销售成败,销售员的知识和能力远比有形的产品更重要。聪明的销售员一般能掌握成交阶段的主动权,因为他们有所谋略,能通过自己的知识、经验和创意,挖掘出更多能够直抵客户内心深处的成功方法。作为销售员的你,只要做到这些,无论你手中有什么产品都不愁卖不出去,正如有人说的,没有卖不出去的产品,只有卖不出去产品的销售员!

推销的最佳策略是相对的诚信

世界上最伟大的推销员乔·吉拉德说:"诚实是推销之本。任何一个头脑清醒的人都不会卖给顾客一辆六汽缸的车,而告诉对方他买的车有八个汽缸。顾客只要一掀开车盖,数数配电线,你就死定了。"很多时候,推销员在推销的并不仅仅是产品,还有自己的人品,实际上,也就是在推销诚信。任何欺骗客户的行为言辞一旦被客户发现,就等于给产品、你自己乃至你的公司抹了黑。

1. 介绍产品切忌无中生有,欺骗客户

客户来买你的产品,一般会对产品有点了解,如果销售员的话语中存在虚假成分,客户会觉得你在欺骗他,本来交谈好的事会因此而泡汤。

"我们的衣服穿上十年八年都不破的……"

"有了这汽车上的靠椅,你的安全是万无一失的……"

"使用我们的化妆品,能让你的脸上的痘痘全部消失……"

"这个药品包治百病……"

以上这些话,客户一听就知道销售人员是在歪曲事实,说大话。这种情况下,客户要么会与你争辩,要么就干脆不再听下去,这两种情况对销售员来讲,都是非常糟糕的。所以销售员应注意,要介绍产品作用资料时,要绝对真实可靠,不能夸夸其谈,要展示自己产品的主要功能和特性,如果存在虚假,会影响产品和你的可信度,切记不要因小失大。

2. 学会用"语言"包装产品

很多销售员将自己的产品说得天花乱坠,而客户并不会产生太多的兴趣,因为客户对这些所谓的"行内话"根本听不懂,而聪明的销售员绝不会这么做。他们会将整个产品"包装"好了给客户看,让客户一目了然,而他们包装的方式方法很独特——语言,比如,他们会给产品起一个很特别的名字,把产品所有的特点集中于这一个点传播出去。这个点就是能将产品内涵通俗化的概念。

3. 弱化那些无法实现的需求

客户并不是无知小儿，即使把产品介绍得美轮美奂，客户也会知道，这世界上，没有哪一件产品是完美无缺的，推销的产品在某些方面达不到理想要求，这也是不可避免的。如果你的产品达不到客户的要求，你可以从两个方面来弱化这些无法实现的要求：

其一，只提差价，弱化付出。这种方法适用于很多产品的推销。如："只要多付几元，您就可以让您的孩子享受到轻松便捷、效率高的学习方式。"其二，贴近生活，弱化付出。销售员可以从大多数人的生活习惯出发，如："您只要每周少抽一包烟，购买这个产品的钱就出来了。"

4. 让客户坦然接受产品短处

客户对产品的优缺点有个全面的把握，才会对产品更放心，因为客户也知道世界上没有绝对完美的产品。因此，销售员把自己的产品的缺点对客户坦诚相告，反而会取得客户的信任，但销售员要注意将这客户的眼光引向产品的优势。这样，客户就能坦然地接受产品的短处。但在向客户讲述产品的短处时，你不但要做好充分的心理准备，还要准备一套完整的说辞，以应对客户的提问。让客户在心平气和的情绪下接受，比隐瞒更奏效。

总之，当有多种同类产品可供客户选择时，销售员最需要做的就是如何把自己的产品与其他厂家的产品作比较，让客户"选我"而"舍他"，就需要销售员有一定的技巧了。当然，销售员不可故意隐瞒产品的某些缺陷，做到这点，也就是相对的诚信了。

引人入胜，学会散发产品的魔力

作为推销员，我们都知道，成交才是我们推销的最终目的，而在这个过程中,让客户感受到产品带来的美好感觉,并对销售员以及产品产生信任,就成了推销员要努力做到的工作。推销大师乔·吉拉德非常清楚产品在销售中的重要地位,因此,他总能透过生活的点滴来总结推销产品的技巧,引人入胜便是其中之一。而他得出的这一经验,也是从别人那里学回来的。这与乔·吉拉德曾经的一次旅游经历有关:

乔·吉拉德刚从事推销业不久,一次,他向一家旅行社咨询去拉斯维加斯旅游的费用。到了旅行社之后,他随手拿起一本夏威夷旅行的指南,此时,一位推销员见状便向他走来,问:"打扰了,先生,请问您去过夏威夷吗?"

"去过,不过是在梦里!"吉拉德开着玩笑。

"那么,你一定会爱上夏威夷的。"这位推销员说,随后,他向吉拉德出示了一些资料,介绍了一番夏威夷的风景名胜,他告诉吉拉德:"您与您的妻子一定会在那边的海滩玩得很愉快,并且,这趟旅行会让您永生难忘!"

乔·吉拉德的确动心了,但当这位推销员一报出夏威夷旅游的价格,吉拉德不由得退缩了。推销员一看吉拉德的反应,就镇定地说:"吉拉德先生,您上次度假是什么时候?"

"我记不清楚了。"他之所以这么说,是为了掩饰自己的心虚。

"那您真是亏待了您夫人与您自己。"他继续笑着说:"我们都知道,生命真的太短暂了,您这样每天辛苦、努力地工作,却不给自己奖励是不行的,况且,度完假回来之后,您的状态才会更好,进而销售更多的车,来弥补这一次的花费。我确信您回来以后,一定会持续一路向前冲。因为您从这次旅行中获得了足够多的能量!"

就这样,在这位推销员的左右夹攻之下,吉拉德决定去夏威夷度假,即使他原本根本没打算去那里!

从乔·吉拉德这次经历中,我们发现,有时候,即使我们的客户没有购买需求,但只要我们善于挖掘,加以引导,让客户感受到产品的魔力,那么,客户也会心甘情愿掏钱购买。但要想成功地打动顾客,销售人员就要将产品的优越性以最吸引人的方式或语句展示给顾客,因而销售人员自己应先对所推销的商品有一个正确的、透彻的认识。而这就需要一定的技巧了。以下是几条建议:

1. 突出产品卖点

销售员一定要对自己所推销的产品有个熟悉的了解和认识,要做产品的专家,要弄明白,哪些是产品的物理特性,哪些是能对客户产生价值的部分。同时,销售员在介绍产品的时候,要懂得联系客户的需求,因为如果这些产品的卖点不与客户需求联系在一起的话,就不能产生任何效用。

2. 掌握一些基本的、突出产品优势的说话方式

一般情况下,无论产品存在什么样的优势或者特性,不外乎以下几个方面:经济、方便、安全等,针对这些方面,销售人员要根据不同的客户采用下面不同的说明方法。

(1)"这款技术目前是国内最先进的,很多大型企业都已经率先使用了。"

(2)"方便的使用方法会给您节约大量的时间。"

(3)"这种产品可以更多地体现您对家人的关心和爱护。"

(4)"这款设计,更适合像您这样的人士。"

3. 从客户的价值观入手

每个产品都有自己的优点与卖点,这是毋庸置疑的,但要将这卖点与客户的需求联系起来,还需要销售员做好解说工作,如:"您提出的产品功能和售后服务等,我们都可以满足您,另外,我们的产品最大的优点是……"在强化产品优势时,销售员一定要确保自己的介绍是实事求是,而不是夸大其词的,这才能引起客户的信任。

总之,一流的销售员,不会直接告诉客户产品有什么好处,而是告诉其产品能为其带来什么好处,当客户通过我们的产品或服务,获得自己想要的利益时,便自然会心甘情愿把钱放到我们的口袋里!

巧用激将之法,迅速达成交易

销售过程中,我们都希望能一步到位解决所有问题,即:客户不存在任何异议,对我们的工作表示理解,痛快地买下产品,对我们的售后工作也表示支持等。但事实上,这只是我们的一相情愿,事实情况多半是完全相反的。客户虽然有产品需要,但总是犹豫不定,拿不定主意,总是会对销售员说"等等看吧"。这种情况下,销售工作该怎样进行下去呢?此时,我们要想促使他们下决心签单,成功推销出产品,就要敢于搏一搏,利用他们的好胜心、自尊心,采用激将法激他们做出购买决定,迅速签单。

晓丽是某商场珠宝专柜的销售员。

五一那天,商场所有产品都参与打折活动,晓丽的专柜也是如此。因此,客户特别多,晓丽和其他销售员一样,忙前忙后的。但忙碌中的晓丽还是注意到了一位男青年,虽然衣着名牌,但却在一款比较普通的对戒旁驻足了,他向柜台销售员问询了很多这款戒指方面的知识,但就是不购买。这时候,晓丽决定主动采取点措施,促成购买。

晓丽:"先生,请问您购买戒指是自己戴呢?还是送人?"

顾客:"想送我未婚妻。"

晓丽:"原来是婚戒啊,祝您生活幸福。是这样的,我们的戒指做工都非常好,就是价格稍微有点高,你不会因为这个原因犹豫不决吧。"

这位青年满脸通红,说:"怎么可能呢,这点小钱,我根本就不会在乎!"

晓丽接着说:"但是凭我的感觉,我敢和你打赌,你今天是不可能购买我们的戒指的,对吗?"

这位青年笑着说:"你还别激我,我今天就当着大家的面,买给你看。"可是等他把钱包拿出来的时候,一脸的尴尬。

晓丽接着说:"你空着两只手,拿什么买我们的产品啊?就会吹牛。"

这时,这位青年终于从钱包里拿出了"家当"——一张卡,说:"谁说没钱就不能买啊,你看好了,我现在刷卡了。"说完,问晓丽要过了刷卡机,顺利地完成了消费。

晓丽陪着笑脸说:"看来我今天真是看走眼了。"

青年瞪了一眼说:"小姐,别把人看扁了。"说完头也不会地走了。

晓丽露出了开心的微笑。

案例中,销售员晓丽之所以成功将戒指推销给原本犹豫不决的顾客,就是因为他抓住了顾客要面子、害怕别人说自己没钱的这种心理,然后采用激将法,挑动顾客这一敏感的神经,从而让他在跟自己赌气的过程中,完成购买。

总的来说,激将法是一种有效打动客户的方法。它的运用运用原理是从人们的心理角度出发的,因为人们都有害怕产生损失和威胁的心理。为此,销售员只要让客户明白,轻易拒绝我们会让他产生巨大的损失。这样他们便会因为担心而采纳意见,以摆脱内心的不安和忧虑。无论是在电话沟通中还是在谈判当中。销售员要审时度势,巧妙运用激将法。

但是,销售中,我们认识到,激将法不可随便滥用,在使用时要看清楚对象、环境及条件,同时,运用时要掌握分寸,要态度自然,不可操之过急,也不能过缓。过急,欲速则不达;过缓,对方无动于衷,无法激起对方的自尊心,也就达不到销售目的。

因此,在学习和掌握这种促成订单的技巧时,销售人员还需要注意以下几个问题。

1. 大庭广众下,客户更容易"束手就擒"

客户害怕失面子的这种心理,在人多的时候体现的尤为明显。谁也不想让自己在众目睽睽之下丢了面子。因此,在人多的场合,销售员不妨用激将法来对付那些过于挑剔的客户,让他们在不情愿和不乐意的情况下,一边嘴里说着不好,一边掏钱购买。而且,这样,也无疑是给产品打了活广告。

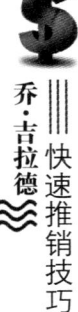

其他客户会认为：这么有意见的人都在购买，那说明这个产品还是不错的。

2. 和客户"对抗"，但不能伤害客户自尊

销售员在采用激将法促使客户购买的过程中，大可不必害怕因此而得罪客户。表面上看，你是在逼迫客户购买，但从另外一个角度看，客户会从心里感激你，因为正是你的"逼迫"，让他能够自满而沾沾自喜。

销售员可以和客户"对抗"，但是必须以不伤害客户的自尊为前提。如果销售员伤害了客户的自尊，即使你把产品推销出去了，那么，对于客户来说，也是"一次性购买"！因此，正确使用激将法应该是在不刺激对方自尊的基础上，切中对方的要害进行激将。

3. 态度自然

销售员在使用激将法时，一定要注意表情自然。否则，就容易让客户看出来是在"激"他，从而产生逆反心理，最终导致无法成交。

4. 因人而异，针对不同的客户采取不同的应对方法

在销售过程中，销售人员采用激将法能否成功，最关键的地方还在于是否能巧妙把握客户的心理，如果"激"错对方，那么，很有可能把一桩很有希望的生意逼进死胡同。因为这一方法并不是适用于所有客户，有经验的销售都知道，地位高、年纪轻、穿着考究的人更在乎周围人的眼光。在促成订单时，销售人员可以根据具体的客户对象，采用具体的方法去激将。

注意以上几点，我们在运用激将法促成订单时，便能有效避免很多问题了。

绝妙配合，关键时刻同事助你一臂之力

作为销售员，我们的工作目的就是实现成交。所以，无论是什么方式，只要合理合法，又不会让客户产生厌烦情绪，我们都应该去尝试一下，比如请求同事帮忙，与其巧妙配合。的确，实际推销中，在距离成交只有一步之

遥的时候，我们有时会发现，如果能与同事为客户演一出戏，那么，就能改变对峙的销售局面。如果销售员表演得好，可以节省不少时间和精力，也能牢牢控制局面，但是如果表演不好，在不合时宜的情况下提出请求，就容易引起客户反感，从而导致失败。我们先来看看下面这个推销员是怎么做的。

最近，作为汽车销售主管的杰克迎来了一个大单生意，某客户要为单位高层领导购置一批汽车。于是，这天，杰克和这位客户坐在了谈判桌旁，准备就这一问题进行交涉。

杰克先给客户那几辆历尽沧桑的老车一个好得令人惊讶的折旧价，然后再给新车开个令他更满意的价钱。而最终，这名客户转而去了其他公司，但杰克知道，这名客户一定还会再回来。果然，不到半个小时，客户回来了。因为杰克报出的价格是最令他满意也是最低的。

杰克详细写下这笔交易的注意事项，并请这位顾客签名，然后故意不经意地问这位顾客其他业务员给他什么价。顾客红着脸很得意地说出谈判中最宝贵的法宝：情报——也就是另外一家开的价码。

杰克接着说："还有一道手续，每笔生意都得我们经理通过才行。我马上打电话给他。"杰克按下电话上的对讲机，说道："呼叫奥蒂斯先生……呼叫奥蒂斯先生。"而事实上，根本没奥蒂斯先生这号人物。是有一位销售经理没错，不过真名却是史密斯。

销售经理出面了，把杰克拉出房间，让顾客独自心焦如焚一阵。不久，杰克回来，说明经理不允许这笔生意，因为这价格实在太低了。然后，再以其他家出的价码和这位顾客谈。最终，这名客户以高出原先价码 300 美元的价格买下了这部车。

这里，我们发现，销售主管杰克是个多么高明的谈判高手！其实，他并没有使出什么特别的计谋，而是先给车子开个很低的价格，留住了客户。然后利用了客户已经对汽车产生感情的心理，频繁制造事端，把价格重新调到自己认为合适的价格。而我们最佩服他的是，他居然在关键时刻请出了这位虚拟的人物,以这位人物的名义限制卖卖,对客户欲擒故纵,而这时的客户已经招架不住,只希望能赶紧把车买回家。

任何一个销售员都知道,要想成功与客户达成协议,就必须要让对方接受我们的想法和意见。但事实上,人们出于自我保护的目的,内心世界往往是隐蔽的,对销售员更是不信任,这是因为通常情况下,一家之谈没有权威性,因此,如果我们能搬出同事、上司等,或者让其帮忙,巧妙与之配合,那么,成功销售的可能性就会大大增加。

那么,具体来说,我们该如何运用这一方法实现销售成功呢?

1. 让上司的话"一锤定音"

有时候,在价格或者一些优惠措施上,我们的客户会不断提出要求,此时,如果你不能做出让步,那么,不妨和案例中的杰克一样,亮出自己的上司,告诉对方:"真不好意思,这件事,我真的做不了主,我得请示一下我的上司。"而你心知肚明,这只是个推脱的借口。这个上司,可以是实际存在的,也可以是虚拟的。

2. 发动你的同事,帮你制造声势

有种情况下,你的客户迟迟不肯成交,此时,你可以发动你的客户,假意购买你的产品,这样,势必会让客户产生一种即将失去的痛苦。此时,他们便不再犹豫,加快购买,通常,人们对于被人抢走的东西,珍惜感都会倍增。

在利用这一方法帮我们成交时,你还需要注意:

(1)隐藏好自己,如果客户发现其中的端倪,那么,只会惹恼客户,让其放弃购买。

(2)保持自然的成交态度,尽量让客户提出主动成交。所谓保持自然的成交态度,就是让对方感觉到成交是非常正常的事,是谈判后顺理成章的事。

当然,我们在推销过程中,需要同时帮助的地方很多,因此,我们在日常工作中,就应该搞好与同事的关系,做到相互帮助,共同进步。

为顾客憧憬使用产品后的效果

优秀销售员最重要的工作之一,就是找出客户购买这种产品背后的真正需求或价值观,然后调整自己的销售方式及产品介绍过程,让客户明确地感受到这一产品能够符合其内在的价值观,并满足他们购买产品所需要获得的感觉。因此,聪明的推销员在工作中,常使用"未来憧憬法"这一方法加快客户成交的脚步,一旦客户感受到购买产品后的美好,那么,他们便会毫不犹豫地购买,并会对我们说"谢谢"。在这点上,推销大师乔·吉拉德的做法就值得我们效仿。

每一种产品都有自己的味道,乔·吉拉德特别善于推销产品的味道。与"请勿触摸"的作法不同,乔在和顾客接触时总是想方设法让顾客先"闻一闻"新车的味道。他让顾客坐进驾驶室,握住方向盘,自己触摸操作一番。

乔认为,人们都喜欢自己来尝试、接触、操作,人们都有好奇心。不论你推销的是什么,都要想方设法展示你的商品,而且要记住,让顾客亲身参与。如果你能吸引住他们的感官,那么你就能掌握住他们的感情了。

如果客户住得不远,乔还会让客户体验一把,把车子开回家,让他开着车子在妻子、孩子面前炫耀一番,然后,客户会很快被驾驭新车的感觉陶醉。对此,乔的经验告诉我们,凡是坐上驾驶座,并把新车开上一段距离的顾客,最终都会选择购买,即使不购买,一般也会在一段时间以后来买,因为新车的味道已经印在他的脑海中了,使他们难以忘怀。

你也许很纳闷,为什么乔这么有把握?因为已经投下太多情感,他原先打算就在这家公司把交易谈定:车都选好了!甚至在他的心里,可能已经勾勒出了拥有这部车的美好场景。而如果他"不"签字,需要有很大的勇气,而且一切得从头来过,孩子会大哭大闹,妻子会的抱怨,等等。

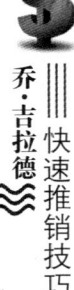

我们再来看看下面这个推销场景：

一位二手房销售员准备将手头一套老房子卖出去，其他同事都觉得不可能，因为那套房子实在很陈旧了，没有客户愿意去买一套老房子，可是，这名销售员却说："我去看了房子，那棵樱桃树会帮我的忙。"

后来，这名销售员带着一对夫妇去看这栋老房子。一进入院子，太太便发现后院这棵美丽的樱桃树，很高兴地对丈夫说："你看，院子里这棵樱桃树真漂亮！"而当这对夫妇进入客厅时，却对陈旧的地板、掉皮的墙壁都不满意。销售员对他们说："虽然地板有些陈旧，但这栋房子最大的特点是从客厅向窗外望去，可以看到那棵美丽的樱桃树。"然后，不管这对夫妇指出这栋房子有什么缺点，销售员都一直强调："是啊，这栋房子是有一些缺点，但有一个优点是其他房子所没有的，那就是从任何一个房间的窗户向外望去，都可以看到那棵美丽的樱桃树。"最终，这对夫妇毫无怨言的花了50万美元买下了"那棵樱桃树"。

这对夫妇之所以会买那套老房子，并不是房子本身的价值，而是"那棵樱桃树"，人们购买某种产品或享受某种消费，是因为产品或者服务质量好或者价格低。当然，这是普遍的情况，但不尽然，有时候，客户心中有自己的消费需求，这并非产品本身所能带来的。也就是说，其实，每个客户在购买产品的时候，心中都有"一棵樱桃树。"

因此，我们在介绍产品的时候，一定要找出客户心中的那棵樱桃树，找出其需求所在，这样，才能有的放矢地迎合客户的需求。那么，具体地说，我们应该怎么做呢？

1. 调动客户的想象力，勾勒出产品所带来的幸福画面

聪明的销售员一般情况下，不会单单地为客户介绍产品，而是在产品的效果上下工夫，只有让客户感受到产品所带来的效果，客户才会产生购买意愿。为此，这些聪明的销售员会在主观上帮助客户想象。但这就要求销售人员能够用自己的专业语言为客户的想象力铺平道路，引导客户朝着自己设定的方向想象，从而达到销售的目的。

"周末的早晨,您带着你的孩子们,穿着我们公司的户外运动鞋,来到郊外,舒展已经劳累了一周的身体。郊外有座山,那天,有很多人一起爬山,当爬到山中腰的时候,有些人的运动鞋居然出现了问题,这些人面临的将是难以前进的道路……而您,却带着你的孩子挑战山顶的高度!"这是一段具有强烈对比性的想象,想象之所以为想象,毕竟不是真实的,但客户听到这段话后,是不会产生异议的,因为,这只是对产品的一种自信。

2. 让客户参与,体验互动

销售员不能一味地介绍产品而忽视客户的感受,因为当你介绍的时候,客户很可能产生一些疑问,如果不给客户说和问的机会,没有互动这个环节,那么客户会把这些疑问搁置,最终结果只会是:客户即使在你介绍的过程中对产品产生兴趣也会丧失这种兴趣。因此,销售员只有不断和客户互动,及时发问,才会了解客户的想法并很好地引导客户的思维。发问会让客户参与其中,对产品的感受更加深刻。

当客户了解这些以后,就会有一种想尝试的欲望,此时,我们的销售目的也就近乎实现了。

升级优惠策略,让顾客乐意付出更多

任何一个稍有经验的销售员都知道,在销售行业中有一个二八法则,即80%的销售额是由20%的重要客户来实现的,而这20%的重要客户可以说是销售员长期合作的忠实客户,也叫"堡垒户",如果丧失了这20%的忠实客户,那销售员将丧失80%的收入。可能很多推销员认为,一旦与客户成交,就完成了销售。此话不假,但聪明的销售员则更看重售后,他们会为客户升级优惠策略,让客户乐意付出更多。

生活中我们常可以看到这样的场景:推销员苦口婆心劝客户购买,客户

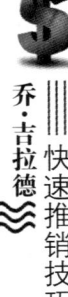

购买后,推销员会这样引导:"太太,您看,您刚购买了这套红木桌椅,那么,在这套桌椅旁,如果再加上一盏古典的灯具,那么,一定很有氛围。这样吧,如果您购买这套灯具的话,我会送您个灯罩,再为您打个八折。"很多客户一番考虑后,都会"心动",然后"行动"。

作为推销员,在成交后,如果能为客户提供一些小赠品,或者提供新一轮购买中的价格优惠,那么,一旦客户有购买意愿,他们一般是乐于与你进行新的交易的。

那么,具体来说,我们该如何为客户升级优惠策略,而让其愿意付出更多呢?

1．捆绑销售

可能我们经常会遇到这样的场景:假如一件外套卖80元,一条裤子卖80元。客户觉得价格贵了,但如果我们告诉客户:如果他能买一件外套和一条裤子,就可以以150块钱买走。这样客户就会想,如果单件买就会多花10块钱,如果组合买就能节省10块钱。这白白节省的10块钱对于爱占便宜的客户来说具有很大的诱惑力。而对于商家来说,并没有吃亏。为什么客户愿意以几乎多一倍的价钱买走两件商品?这是客户爱便宜的心理在起作用,捆绑销售的策略给了他们一种心理错觉。

2．优惠券、积分的使用

建立积分体系与价格体系非常重要,当客户购买到一定金额,自动转入到高一级的会员,可以在会员价基础上享受一定折扣价。客户积累积分可以转成现金、赠品或折扣券使用。同样,优惠券也是一种优惠方式。当你被告知,你能低于市场价能够买到产品,无论如何你都会有购买的冲动。

3．承诺更好的售后服务

现在越来越的企业注重用一流的售后服务来维系和稳定客户,同时也此为企业竞争力的标致。这也说明,售后服务在整个销售中以至生意后都是很重要的,它不仅维系过去的"老关系户",而且对新客户也是极具诱惑力的,一流的售后服务是关系到企业生存和发展的重要因素之一。因此,销售员必须向客户做好售后服务,维系以往的忠实客户。占有了客户,收入才能滚滚而来。

当然,让客户重复购买的优惠策略还有很多,销售员可以在现实推销工作中加以总结!

第12章

管理时间,不错过每一个销售时机

"工作的时间我从不和我同事聊天,我也从来不和他们吃饭,因为我不想浪费时间,我会和那些对我事业有帮助的人一起吃饭,比如说银行家,为汽车贷款的银行家……"

——乔·吉拉德

"没有计划就是计划失败",一个善于管理时间的人,就可以管理好一切,如果连自己的时间都不能管理好的话,一切就是空谈。一个优秀的销售人员永远知道把他的时间摆在最有效率的地方,或摆在最有生产力的地方。因为我们每一天的时间里不外乎是工作、拜访顾客、打电话或者是产品的介绍。这就要求自己精神集中,养成一种专注的好习惯,这就需要提升能力以节省时间,不错过每一个销售时机!

分秒必争,和"有用的人"吃饭

对于任何一个推销员来说,时间都是一笔巨大的资产,有了时间,我们才能寻找潜在客户;有了时间,我们才能劝说客户购买产品。但时间却是易逝的。因此,销售员要懂得,时间就是金钱,时间就是成功。不浪费一分一秒,科学地管理时间,才能尽快地成长为优秀的销售员。推销大师乔·吉拉德曾说:"有一个东西,世界上任何人都不会拿走,那就是时间。一定要珍惜时间。我很喜欢睡觉,如果没人叫醒我,我会一直睡在那里。但每当我要起床的时候,我会对自己说,今天一定有人会为此付出代价。"

我们知道,销售员所从事的工作,自由度比较大,而自由的一个弊端就是,容易导致人在使用时间上比较随意,甚至把该工作的时间用在吃、喝、玩、乐等方面。结果可想而知,这样的人,最后很容易荒废宝贵的时间,碌碌无为。

曾经有这样一个数据统计,任何一个人,平均每人每八分钟要被打扰一次,一小时会被打扰七次,这样,根据每日八小时的工作时间标准计算,每天会有50～60次,也就是说,平均每次打扰大约是5分钟,总共每天大约4小时,占用了工作时间的一半,而这其中,有四成是无意义或者极少意义的打扰。

为什么会出现这样的情况呢?在销售工作中,这种情况的出现,多半是因为销售人员没有做好售前准备,他们所打扰的人,对于他们来说,也并非是"有用的人",真正拜访那些"准客户",那么,就能有效避免这一问题。

那么,什么才是有意义的拜访呢?

1. 找准客户

那么,什么样的客户才是我们的准客户呢?

(1)有购买需求。一般情况下,人们对于自己不需要的产品,是没有多少购买欲望的,当然,这里的需求是多方面的。

考察客户的需求量需要从两方面入手:第一是客户是否有购买需求,第二是客户需求量的大小。另外,对于这两点的考察越细化越好。因为很多时候,表面上看,客户自身都没有意识到自己有需求,而对于这样的客户,就需要我们帮助其不断挖掘。

(2)有购买能力。任何交易的成交,都必须要以客户有支付能力为前提,因此,销售人员一定要注意这一点,即便客户对你的产品很满意,也极其愿意购买,但若客户没有购买能力,你必须要小心行事,一旦造成日后的呆账或死账,就等于为自己引来了麻烦。除此之外,你还需要考察客户的信誉问题。

(3)有购买权。销售人员在推销过程中,一定要找到有话语权和决策权的人,当确定对方确实具有购买决策权时,销售人员应该把沟通内容引向实质性问题方面,否则就要想办法找到真正具有购买决策权的客户,然后再寻找合适的沟通时机。

总之,销售人员在挖掘客户需求的同时一定还要对其进行全面的考察,这样做的好处除了能保证你足够的客户资源之外,还有利于你及时甄别客户类别,以便更快地调整应对策略。比如,有些过去需求量较少的客户可能因为某些原因生产规模突然扩大,那他们的需求量肯定会相应大幅提高;有些客户你过去怎么劝说都没有效果,可是如今却发现他(她)与你有着十分相似的嗜好,你们完全可以在这方面进行深入探讨,这对你来说就是一个销售成功的契机。

2. 做好准备

工作了并不一定就有效果。在任何情况、任何状态下都能工作,你可以糊里糊涂地工作,也可以精神抖擞、有计划地工作。而无意义的工作只会让你经受更多的挫折,因此,你必须在拜访客户前进行一番准备,无论是个人面貌还是销售资料上,你都不能忽视。

(1)客户时间是否预约了,出门拜访前是否再次确认时间?

(2)工具是否备齐,要什么没什么只会浪费你和客户的时间?

(3)此次拜访的目的是什么?要收集的客户信息有哪些?主目标是谁?

(4)拜访的区域是否规划好,时间要花在与客户沟通上而不是花在交通上。

3. 达到拜访目的

客户最讨厌夸夸其谈却又不知所云的销售人员。因此,要问自己每一次的客户拜访是接近了客户一步还是远离了客户一步,如果你自己都没有准备好,客户也感受不到你的用心,不了解你此次拜访的主题,客户为什么要花时间与你会话呢?所以检查一下自己在我们每天的工作内容中有多少是属于这些无意义的拜访。

总之,每一次对客户的拜访都很重要,不要盲目地、无目的地上门拜访。这样的拜访并不能给你带来什么好处,相反,可能会让你离成功越来越远。这是由你准备不充分造成的,而并不是因为客户的不领情造成的。

避免拖拉,现场进行交付最理智

作为销售员,我们都知道,我们都有一定的销售目标,只有完成这些销售目标,我们的业绩才会不断提升。每个推销员都需要做好目标管理工作,做好销售计划,比如月销售计划、季销售计划,并报公司有关部门。

很多时候,销售员在推销工作中,把主要精力都放在了如何推销产品上而忽视了一些细节问题,这中间就包括如何交付、限期回款等问题上。也就是说,没有做到"一手交钱,一手交货"是销售员回款问题出现的主要原因之一。而这一问题,通常也是导致推销员浪费精力与时间的原因之一。因此,为了避免拖拉,工作效率高的推销员通常采用的都是最理智的交付方式——现场交付。

在某汽车4S店,一对小情侣来看车,到最后,他们看上了一款价格相对便宜的代步车。销售员看他们好像很喜欢这部车,就走过来极力推荐,可是,这对情侣还是说:虽然这部车我们很喜欢,价格也是蛮合理,但我们还是没有办法负担每月的费用。"

推销人员看他们实在想购买,自己也想把这部车推销出去,就对他们说:"假如我们能够把这笔钱分摊到更长的还款期限,让每月费用降低,那么你会接受吗?"这对情侣很爽快的答应了,并付清了首付。但很快,问题出现了,后面一笔尾款,这对情侣始终没有来还,销售员不断打电话,对方也总是敷衍搪塞。为此,销售员很苦恼。

店里的销售经理对这名销售员说:"这笔款子,你就慢慢催吧,不过以后一定要注意,关于汇款的日期,一定要在成交前就规定好,并以文件的形式签署,这样,才能避免这类问题的发生……"

案例中的销售员,之所以遇到汇款中的麻烦,主要是因为他在成交前忽略了汇款问题,没有让客户把汇款的日期定好。而这里,如果能做到现场交付的话,那么,销售的一切后续问题也就不存在了。

谈到具体的付款方式,销售人员自然希望客户能够做到"货到付款"。但这似乎只是销售员们的美好愿望,对于客户,无论他们能否一次性付清,他们都似乎都更热衷于分期付款,有其是对于那种大宗交易,他们即使有足额的资金,他们也总是试图争取较长的付款期限。甚至有些时候,一些客户还会故意拖欠货款——在合同规定的最后付款期限之内,客户没有及时结清货款,即使经过销售人员的几番催款,客户仍然不愿结清货款。客户始终不肯付清货款,是销售员最头疼得事情,因为这种事情会导致公司蒙受不必

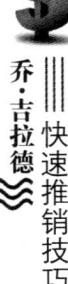

要的损失,有时候这种不必要的损失很可能会使公司的资金周转受到极为严重的影响。

实际上,客户拖欠汇款,是因为没有对回款做承诺。而这,更是因为销售方没有要求客户做出承诺,销售人员不够主动,没有这方面的意识。销售经验告诉我们,在人们的生活中,绝大多数人都会谨慎作出承诺。因为,没有兑现的承诺对他们是一种心理负担和压力。可以确切地说,客户没有做出回款承诺,就意味着我们的回款计划是落空的,回款计划就变得毫无根据可言了。

那么,如何让客户在购买时就把汇款的日期规定好,是销售员应该下工夫的地方,具体来说,销售员需要做到:

1. 对于小额交易,销售人员必须要让客户确立"货到付款"的概念

对于那些小额的交易,销售员最好不要告诉客户可以分期付款;而如果客户问及此事,销售员也一定要引导客户确立货到付款的概念。比如,销售员可以这样说:"张小姐,真不好意思,我们这是小本生意,所以,公司每个月也都会清账。货物的发出与货款必须是一致的。"这样说,如果客户真心购买产品,是不会过多考虑付款方式而当即购买的。

2. 在开展大额成交的全过程中,在谈判中就要先规定好付款日期

如果销售人员与客户经过友好协商决定采用分期付款的方式,那么销售人员一定要在销售合同中与客户明确具体的供货和付款时间,这是对自己和客户的一种有效约束,可以帮助销售员争取在更短的时间内拿到货款。

可见,真正的销售并不只是说服客户购买产品或服务那么简单,在说服客户做出成交决定之后,销售人员还需要继续与客户进行有关付款期限等问题的商议。具体的付款方式以及相应的付款期限,销售员一定要在成交前就与客户达成协议,确保双方能够及时结清货款,这样既有利于保证双方利益的有效实现,又有助于双方长期友好合作关系的进一

步加强和完善。

快速创口碑,让某些顾客免费使用产品

销售员在推销产品的过程中,自然免不了要介绍、宣传自己的产品,可以说,这是销售前期需要做的重要工作,但这项工作不但烦琐,还耗费推销员的时间,但聪明的推销员则有一条妙计——让某些客户免费使用产品,以快速创口碑。推销大师乔·吉拉德在推销汽车的时候,推销的就是汽车的味道,他经常还让某些客户把车开回家,感受拥有新车的感觉,而这种方法很奏效,为他赢来了不少生意。

的确,有时候,即使我们苦口婆心地向客户介绍、推荐产品,客户的态度永远是"我不需要!""我不感兴趣!"客户的态度着实让我们束手无策。但这并不意味着没有转机,既然客户不愿意听我们说,我们为什么不尝试一下让客户先试用产品呢?而当客户亲身感受到产品带来的好处,拒绝的态度也就没那么强烈了,甚至会被产品的功效所吸引。这就是人们常说的"免费午餐"大法。实际上,通过体验产品激发顾客的购买欲望,比我们介绍产品卖点的方法更有效。

这天,在北京的某个美食街的一家小店外围满了人,原来大家都在排队买这家的牛肉。这时,两个旅游的外乡人走过来,问了其中一个排队的人:"大姐,这家的牛肉真有这么好吃吗?用得着你们都在这儿排队买?"

"那可不,我可不吹牛,不信你自己去尝尝?"

"还能先吃再买?"外乡人很诧异。

"是啊。"

外乡人抱着试试看的心态,尝了一下站在店外的服务员递过来的免费牛肉,吃完以后,他大赞:"这味道,真是太好了!"还没咽下去,他就对自己的

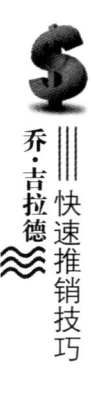

同乡说:"走! 咱也去排队,这么好吃的牛肉还真是少见!"

人们都知道,天下没有免费的午餐,人们拒绝接受我们的推销,就是因为一旦接受,就可能要掏钱购买,此时,如果我们告诉客户,你可以试用一下,买不买没关系,那么,客户自然就会放松警惕,体验产品,那么,我们再推销起来就容易得多了,因为我们已经引起了客户的注意力。而同时,这些客户在体验完产品后,也会帮我们做免费的宣传,这样,产品的口碑也就传开了。

那么,我们该如何使用这种"免费午餐"大法来招揽客户呢?

1. 选择那些具有相对影响力的顾客

举个很简单的例子,如果我们所选择的这位顾客具有一定的社会地位和影响力,那么,当他告诉其他顾客使用产品的感受,那么,可信度也就会增加。而如果这位客户在人们眼里经常"所言不实",那么,他不但不能为我们做宣传,甚至可能让人们对产品产生误解。对此,推销员可在派发免费使用产品之前,对这些客户做一番资料整理调查工作。

2. 让客户参与到问答活动中来

销售员在做产品介绍时,可以运用一些问题作为每一次产品性能的描述,这样就能让客户更多地参与到产品展示中来。

比如,销售员刚刚介绍完一款印刷产品的印刷品质,就可以问问客户,他对印刷的质量感觉如果,或者是最喜欢的机器型号是哪一个。然后,停顿少许便转到下一要点,因为停顿太久会使客户的心思弥散,产生其他的想法。例如,他或许就会考虑往后拖拖,或仔细考虑一下价格。

让客户参加到产品展示问答中来,不但可以让销售员更好地控制产品展示的场面,还能更大地引起客户的注意,活跃展示现场的气氛,并且可以更好地引导客户的心理,让其最终做出购买的决定。

3. 在客户体验产品的过程中不忘互动环节

通常情况下,单纯地劝说客户体验产品,远比不上引导的效果好。而同时,销售员一定要在这种引导的过程中,采取一些互动措施。因为客户是不会主动告诉销售员自己对产品存在哪些不满。我们要引导客户说出来。如果没有互动这个环节,那么客户会把这些疑问搁置,最终结果只会是:客户即使在你介绍的过程中对产品产生兴趣也会丧失这种兴趣。因此,销售员只有不断和客户互动,及时发问,才会了解客户的想法并很好地引导客户的思维。发问会让客户参与其中,对产品的感受更加深刻。

4.即便顾客不购买,也不要不满或抱怨顾客

当客户试用完产品后,可能会表示不购买,此时,销售员若做出"真的很适合,您就不用再考虑了"或者直接收起产品,这都是错误的对应,都体现了一种抱怨与不满的情绪,这是绝对不应该有的。因为这种消极的情绪和想法,对于积极成交和提升门店业绩没有丝毫帮助,不仅如此,还可能会与顾客发生争执,这更是得不偿失的。

介绍产品是销售中必经的阶段,也是让客户拿主意的关键阶段。如果销售员能够有生动的描述,并加上客户的亲身感受,让对方不仅听到,而且还要让对方看到、摸到,并感受到你的产品优秀,惊讶于产品品质,那么,客户不但会产生购买愿望、实现购买,还会为我们做免费的宣传。

顾客犹豫的时刻是你敲定交易的时机

推销工作中,我们发现,最耗费精力与时间的莫过于我们磨破了嘴皮子,向客户介绍、推荐产品,客户就是不为所动。但聪明的推销员不会就此放弃,他们更善于在与客户沟通的过程中寻找契机,一旦客户犹豫,他们便主动采取措施,让客户下定决心,这样不但为客户拿定了主意,还为彼此节省了不少时间,从而实现高效推销。

约翰是一个教育书籍推销员,他的销售纪录一直保持着该行业中的第一,他有自己独特的一套成交秘籍。

当有位女士表示对他的商品没有兴趣后,约翰一言不发地站在原地,一脸不敢置信的表情。接着他说:"强森太太,你的意思是,不帮孩子买这些书籍?你知不知道自己在做些什么?你准备袖手旁观,任由孩子去独自面对未来的竞争?你这样做,等于让孩子丧失竞争的能力。你只不过一天投资几块钱,就可以为孩子提供更好的教育机会,而你竟然不愿意,宁可让他们自求多福!"

"我不相信你会这么做,强森太太。只不过在一个月中,一天只花几块钱,你的孩子就可以大大扩展知识面。我相信你愿意投资这些钱,让自己的孩子有个好的开始。"

经过他的这种强硬的语言,强森太太最后接受了他的建议。

约翰无疑是在为客户做出了决定,面对犹豫的客户,约翰冒了一次险,虽然他的语气比较强硬甚至略微带有责备的意思,但却句句在理,所以客户绝不会为此而动怒,反而会感激约翰的提醒。所以,在销售中,当客户犹疑不决的时候,销售员一定要及时采取措施,甚至不妨冒险一下。

那么,在客户犹豫之时,我们该如何帮客户敲定交易呢?

1. 不妨语气强硬些

范例中的约翰运用的就是这一方法。有时对待无限拖延的客户也可以用此招。面对这种状况,我们要学着扑克牌高手说:"先生,请摊牌。"

马克也经常采用这种销售技巧。

"碰到棘手的交易,"他说,"业务员必须建立自己的权威,而不是将顾客当做权威。"

有一次,马克遇到的客户是一家小型的只有 5 个人的公司,正需要会计系统。

马克说:"一天,我们将这5个人全请到公司,解释我方提供的解决方案。他们很认真,评估了市面上所有的会计系统。1.5万美元的交易,讨论了好几个小时还是无法定案。最后我将机器关掉,把钥匙放入口袋。我说再不定案,请你们都回去。这5个人突然像被驯服了的小猫,乖乖签下了合约。"

使用此法应谨慎,技巧必须非常娴熟,并且要根据客户的具体个性特征与接受能力,掌握好用词的度,否则只会适得其反。

2. 主动要求成交,表明销售信心

有时候,对客户百依百顺并不是什么好事,因为这会让客户感觉你的产品存在缺陷或者你的销售能力和专业水平不强。而如果你态度强硬一点,学会向客户提要求的话,反而会赢得客户的感激。比如你可以十分自信地对你的客户说:"××总,在这个行业,你可以拒绝任何一个销售员,但你不可以拒绝我,因为我是一个很专业的销售员,我的经验告诉我,如果你拒绝了我,你就拒绝了财富。"

在销售行业,那些销售冠军从来不会让自己被客户牵着鼻子走,相反,他们是销售的主人。可现实的销售活动中,很多销售员却总是害怕自己被拒绝,于是,对客户小心翼翼,生怕得罪客户毁了生意,但实际上,这样做的效果并不是很好。如果销售员愿冒被拒绝的风险而直接提出要求,可能就是另外一种销售景象。

3. 在客户说"不"以前,先说"是"

销售过程中,最具说服力的劝服技巧无非是让客户自己承认产品的优良、服务的到位等,让客户在拒绝之前先说"是",就能有效将客户的拒绝遏制住,比如,你可以对客户说:"先生,您应该知道向来我们的产品都比A公司的产品价位低一些吧?"当然,销售员在对让客户肯定某些销售情况时,必须要对该情况有十足的把握,不能让客户抓住把柄。销售员懂得这一销售技巧后,可以顺利拿下很多订单。

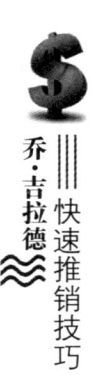

可见，只要善于观察和总结，每个人都能够成为销售高手，所有的营销理论与技巧，无非都是来源于日常生活，同时服务于日常生活。

但使用这些技巧帮助客户做出决定的时候，我们一定还要注意：

(1)与客户交谈的语气一定要把握好度，要技巧娴熟。

(2)有些客户并不喜欢别人给自己做决定，销售人员要善于观察，对于这种客户，要循循善诱。

百试不爽的销售魔咒让成交更高效

现实推销中，那些推销高手之所以有良好的销售业绩，往往就在于他们有较好的成交率，推销大师乔·吉拉德就一直保持着吉尼斯世界纪录——平均每天推销六辆车。他是怎么做到的？仅仅是出色的口才？当然不是，他更善于把握推销的进程，让成交来得自然而然。

我们先来通过日常生活中的一个小小的细节，来说明适时促进成交的重要性。

我们都有这样的经验，当我们去菜市场买菜的时候，当你问商贩蔬菜怎么卖，商贩会一边告诉你价钱，一边为你递上塑料袋，这时，即使你觉得商贩报出的价钱有点贵，但你还是会接过塑料袋开始挑选蔬菜，这是一种很奇怪的现象，似乎人们都无法拒绝。

其实，这些小商贩并没有多少销售理论知识，但却是"促进成交"的"高手"。其实，递塑料袋这个简单的动作本身，已经是在暗示你做出购买的决定，鼓励你下定购买的决心。

的确，现实销售中，很多推销员都遇到这样的问题：客户对产品已经毫无异议，但客户却始终不肯成交，这无疑于会给我们的推销工作带来麻烦：不仅会耽误客户和我们推销员自己的时间，更会因为拖延而"横生枝节"，甚至影响到客户最终的决定。因此,掌握一些提高成交率的销售魔咒,就显得尤为重要。

1. 正面暗示

"这个礼品多显档次啊,您送给客户,客户一定会很高兴的。"

因为每个客户都希望自己购买的产品能物有所值甚至是物超所值,所以,他们会对是否购买产品产生动摇。而如果你能这样说,则从其他人的角度暗示客户,他的购买决定是明智的。另外,销售员还可以从另外两个方面帮助客户分析:

(1)从长远的角度看。你要让客户明白,他的这种购买决策是很英明的投资行为,本身来说,做出购买决策就属于投资,既然是投资,就要把眼光放长远一点,而不能局限于现在,产品是否购买得物有所值也不是购买的瞬间能感受到的,而应该在使用的过程中才能感受到。

(2)让客户坚信自己是明智的。你可以这样反问客户:您是位眼光独到的人,您现在难道怀疑自己了?您的决定是英明的,您不信任我没有关系,您也不相信自己吗?

还有许多许多的促进成交方法,在实际的促销过程中需要根据不同的顾客,采用不同的促进成交策略。

2. 反面刺激

你可以告诉客户:"我看要不今天就到这儿吧,××公司的赵总也等着和我谈这事呢。""最近我们公司的销售额已经达到××,这一事实证明了我们产品的可信赖度。在这一领域,我可以说,应该是我们的产品做得比较好了,为此,和我们合作的公司最近已经明显上升。"当客户听到这样的表述后,自然会认为,如果和其他厂家合作的话,会不会不划算?

南方某家电公司参加广州交易会洽谈生意,几乎是门可罗雀。这时该公司的总经理审时度势,出了一个"欲擒故纵"的高招。第一天,他们在订货办公室前挂出了"第一季度订货完毕"的牌子;第二天,牌子上又写着"第二季度货已订满";第三天挂出的牌子是"请订明年的货"。顿时,该公司洽谈处门前挤满了人,客户纷纷前来订货。

因此,作为销售人员,要打开高质量产品的销路,有时也需要动一番脑筋。但在使用反面刺激的时候,销售人员一定要注意:

(1)要注意语气,不要显得不可一世,这样会激怒客户,而导致生意失败。

(2)要记住,什么时候都不能伤害到客户的自尊。

(3)要不动声色,这样,即使是计谋,也不会被客户察觉,这样,才会更有把握达成交易。

总之,客户最关心的永远是利益问题,针对客户的不同心理进行引导,才能让客户产生及时购买的欲望,进而实现成交!

整理时间,不要因时间冲突丢掉任何一个客户

时间对于每一个人而言,都是公平的,因为我们每个人都有相同的时间,只不过,时间在每个人手中的价值不尽相同。于是,在销售过程中,很多人总是能为自己办事不力或者失去客户找到理由——时间冲突了。而一位优秀的推销员明白,唯有系统、有组织地去工作,才能将工作规划好,才能高效地工作,才能完成其他人无法完成的销售,才能成为顶尖的销售大师。我们先来看看下面这个推销案例:

李小是一家大公司的销售代表,他工作很勤奋,除了日常的工作外,他经常在周末还去拜访客户、加班,在他的同事眼里,他是好同事、好榜样,然而,他却经常感叹,为什么自己总是时间不够用,为什么自己那么努力,工作效率却不高?

有一天,上司交给他一笔大单子,让他及时跟进,这让李小很高兴,他心想:这下终于可以在领导面前好好表现一下了。为了能顺利完成任务,必须利用这一周的时间好好准备一下。

李小与这位大客户约见的时间是第二周的星期一,李小对这件事相当重视,就把这个时间记在了自己的工作日志上。除了准备约见时的资料外,李小还是和往常一样工作着。但这一周发生的事太多了。周三,他的女朋友过生日;周四,他的朋友要搬家,周末,他需要回家看父母。这样,到了周末晚上,他才想起来这位大客户的资料丢在了办公室,他心想,周一早上早点去公司拿,然后简单看一下。

周一早上,李小接到一个老客户的电话,说以前卖出的某套产品出了点问题,让李小出面处理下,李小哪里有时间,便直言拒绝。这位老客户很是不高兴地挂了电话,而赶到公司拿到资料后的李小立即就坐上了去大客户公司的车。出于时间紧迫,他只得在车上随便将资料翻了下。

而事实上,李小这份资料并没有完善,当他在对方公司将这些资料重述的时候,对方经理一下子就黑了脸,这笔生意也就泡汤了。

也许,当你看完李小的经历后,会觉得他不善于管理时间,其实,我们自己是否也经常忙忙碌碌而毫无成效呢?其实,这些问题都是由没有管理好时间引起的。

那么,我们该如何管理好我们的时间,让时间成为我们的好帮手呢?这里,提高效率还有一些小技巧。

1. 在最高效的时间内工作

每个人的最富有效率的工作时间是不一样的,比如,你可能是上班前的半小时,而你的同事可能是午饭时间,但不管如此,你可以根据自身的情况,在最富有效率的时间内工作。

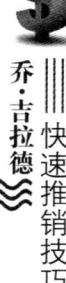

2. 创建高效的工作环境

在最舒适的环境下工作,才是富有效率的。另外,根据个人习惯创建工作环境也是必要的,这样工作起来才会得心应手。比如,如果你习惯了左手接电话,那么,不妨把电话放在你的左手边上,而如果你看不惯那些混乱的案头材料,不妨每天花十分钟先整理你的办公桌。而这样做,确实有好处。每个人都要有物归原位的习惯,即从哪里拿的就要放回哪里,这样,你就不必再花很多时间想东西到底放在哪里了,可以减少时间的浪费。

3. 妥善整理、安置好文件、资料

推销工作中,关于客户的资料、文件等,你都需要妥善管理,并尽量做好分类工作,这样也方便查找,对于新得到的资料,更要及时归入文档,因为一旦忙碌起来,便很容易遗忘。而对于不需要的文件,则要及时处理掉,以节省时间和空间。

4. 利用最好的工具

效率最高、销售业绩好的销售员,往往都不会盲目推销,"磨刀不误砍柴工",他们一般都善于运用那些先进的工具,比如网络、电话等。的确,在科学技术迅速发展的今天,电脑和网络已经发展到无处不在的地步,销售人员的装备也发生了重大的改变。网络的发达帮助销售员们以最快的速度了解到各种销售信息,同时,对客户资料的处理也方便、快捷了许多。另外,高科技的手段让销售人员可以在一天之内联系更多的客户。很多时候,你只需要坐在电脑前将客户需要的信息通过电子邮件发送给他,或者打个电话,就能办妥很多事情。善于利用这些高科技设备,会为你节省更多的时间。

5. 不要放过那些零碎的时间

那些成功者,都有一个共同的优点,那就是善于抓住别人不曾利用的零碎时间。零碎的时间有很多,诸如每天等公交车的时间、坐电梯的时间,上下班的路上,都是可以被利用的。比如,在等公交车时,你完全有十分钟的时间可以想想接下来该怎样搞定手上这一位客户,闲聊会让你毫无所获。

总之,每天,销售人员要自我检讨一下:我今天所做的事情是否卓有成效?那是我必须要做的事情吗?在同样的效果下有没有更省时间的办法?

第13章

倾听客户,理解客户的需求是你的制胜点

"有两种力量非常伟大,一是倾听,二是微笑。"

——乔·吉拉德

传统印象中,销售人员总是能说会道。他们通过"说"来让客户明白所销售的产品是如何神奇而有效。这种方法曾经一度在被动式销售中很有效,但在主动式销售越来越普遍的今天,客户对决策可能带来的后果越来越谨慎。人们能忍受销售员"说"的时间越来越短,甚至对说产生了"免疫力",在这种情况下,"说得好",真的"不如听得好"! 如果销售员能谨记"倾听先行",并能做到有效倾听,那么,一定能引导客户更加积极地投入到与我们的沟通当中,从而让我们的销售工作事半功倍!

微笑聆听时你已经赢得客户一半的心

推销大师乔·吉拉德曾说:"世界上有两种力量非常伟大,其一是倾听,其二是微笑。你倾听对方越久,对方就越愿意接近你。据我观察,有些销售员喋喋不休,因此,他们的业绩总是平平。上帝为什么会给了我们两只耳朵一张嘴呢?我想,就要让我们多听少说吧!"不可否认,吉拉德之所以能成为世界上最伟大的推销员,而被载入吉尼斯世界纪录只中,就是因为他抓住了倾听的力量源泉,不但认真倾听每一位顾客的讲述,还与之成为最好的朋友。那些顶尖的销售员,通过经验也总结出了一条规律:如果你想成为优秀的销售员,就要将听和说的比例调整为2∶1,只有这样,销售员才能打开推销之门,成为顶尖的销售员。

小王是一家电脑专卖店的销售员。有一天,店内来了一名客户,小王很快迎上去,不等客户说几句话,小王很快进入正题,为客户推销几款正在做促销的机型。他滔滔不绝地将产品所有的信息告诉客户,原以为客户会被自己的专业能力所折服进而购买,但最后,小王才发现,这位客户对电脑是一个门外汉,小王将近10分钟的产品介绍除了保修一年外,没有在客户脑海中留下任何印象,因为那一连串的专业术语实在让客户感到一头雾水。

兵法有云:攻心为上,攻城为下。只有你得到了客户的心,只有倾听,逐渐引导客户诉说自己内心的真实想法,他才会把你当做朋友,你的销售之路才会越走越宽。戴尔·卡耐基也说过,在生意场上,做一名好听众远比自己夸夸其谈有用得多。如果你对客户的话感兴趣,并且有急切想听下去的愿望,那么订单通常会不请自到。上则案例中,没有提问,也没有倾听,小王根本不了解客户的真正需求,只是背书般地向客户介绍产品,效果是很差的。

一般情况下,人们都有诉说的欲望,更有被倾听的愿望。而相对来说,谈话机会永远就只有一个,人们都喜欢谈和自己有关的事,而不是和对方有关的事。于是,很多销售人员在推销产品时,出于对业绩的关心,他会把70%的时间放在讲话或推销产品上,而客户只有30%的讲话时间。因此这样的销售员总是业绩平平。

销售中,倾听可以带来诸多利益:

(1)倾听让客户感觉到你重视他,因而对你产生好感。我们都知道,客户往往只对自己的事感兴趣,只关注自己的问题,并且,他们还喜欢自我表现。此时,如果我们能够专注地倾听,便能够满足他们的倾诉愿望,进而觉得自己被重视了。认真倾听顾客说话的好处之一,就是顾客因被重视而从内心感激我们,进而接受我们、喜欢我们。

(2)倾听让你得到你想了解的信息,包括客户的基本情况,开展广告活动的目的、初步思路等。相反,如果我们只顾着自己说,而不学会倾听的话,就无法真正了解客户的需求,也无法了解客户购买产品的各种顾虑与掌握,于是,便阻碍了彼此之间的进一步沟通。

(3)倾听还让你得到看似无用,实则极有价值的信息,作为判断客户需求的借鉴。倾听的目的,在于让客户向我们敞开心扉,从而主动与我们交谈下去,可见,我们不仅要学会倾听,还要善于倾听,这是谈话成功的一个要决。

在你倾听对方谈话时,应注意以下几点:

(1)放松自己,保持平静,并不时地回应"哦""嗯"等,以引起对方继续谈话的兴趣。

(2)不忘与对方进行眼神的交流,适当点头并配以一些手势动作,表示你正在注意倾听。

(3)记下客户的话,是重视对方的表现,另外,这样做,还有一个好处,有些客户语速较快,表达的信息很多,记下客户的话,能避免遗漏有助于销售的信息,当然,记笔记不是为了学习,不需要太过公正。

(4)偶尔插入一些话或者进行简短的提问,能激发对方的谈话兴趣。对此,世界级销售培训大师博恩·崔西曾经说过:"销售是说服的艺术,但是如果只有说,而没有问,销售就会走进一条死胡同。"

(5)不仅要听,还要会听,如果你并没有领会对方话里的含义,你可以询问一下,以免造成误解。

(6)不要妄下论断。如果你很赞同对方的话,不妨用一两个字暗示对方;而如果你对对方的话不感兴趣,且十分厌烦,那你就应设法转变话题,但不要粗鲁地说:"哎,这太没意思了,换个题目吧。"

如果我们能在倾听时做到以上几点,一般情况下,让客户感受到尊重后,是能够打开心扉,进而向我们诉说内心真实想法的!

在聆听中给予客户最适宜的回应

曾经有人说,倾听是一种能力、一种素质、一种思维习惯,更是尊重他人、关爱他人的行为,与此同时,它还是我们与顾客交往的一种有效手段。因此,倾听不但是我们销售员掌握客户各种信息资料的重要途径,更是我们表达尊重的方式。但事实上,倾听并不只是带着耳朵听,真正有效的倾听是需要回应的,因此,并不是所有的推销员都谙于倾听之道。我们先来看看下面这个推销案例:

王磊是一家培训公司的经理。在过去的五年销售生涯中,他逐渐懂得了如何与客户沟通。

刚从事销售时,有一次,他与同事参加一次会谈,结果客户的回答却是:"你们的提案充满了激情,我们完全被你们的PPT震住了,所以相信你们的团队在执行上同样充满激情。年轻人,好好干,你们很有前途。最后,我们需要根据你们的提案再商量一下,看看是否符合我们今年的市场策略,我们会尽快联络你们的……"原来,会谈时间只有一个小时。而长达 102 页的 PPT 伴随着口若悬河的讲述,占用了至少 50 分钟。其间客户几度试图说点儿什么,都被他无情地打断了。

再后来,他懂得了要倾听,毕竟谈生意不是说单口相声。他收起了爱表现的欲望,但问题又出现了,他把说话的机会给了客户,可客户为什么还不满意?一个朋友开玩笑说:"你那死鱼般的眼睛能打动客户?"

他终于找到了问题的症结所在,原来,客户需要的是回应。他得出了沟通的一大经验:既要让别人说,还要专注于别人所说,并用眼神加以回应。也正是这一经验,让王磊在短短的五年时间,成为一名销售经理。

的确,正如王磊所理解,倾听并不是面对客户时,不加以引导地任客户不停地叙说,没有范围和重点,而是要积极地去倾听,将全身心都投入进去,要能够站在客户的角度上理解,并给予及时的回应。当然,回应客户的方式远不止眼神回应,我们同样可以通过动作、语言等进行回应。

具体来说,我们在倾听客户说话时有以下几条要点:

1. 保证你倾听的专注度

我们在听取客户说话时,对客户所反映的内容精力要非常集中,要不停地加以分析、概括和汇总所听到的信息,要关注每一个细节,要重视和发现一些不起眼的小信息所起到的作用。

并且,你要做到身体往前倾,直接面向客户,注意力集中在他的脸、嘴和眼睛,这不仅是一种尊重,更是表明你在认真倾听,就好像你要记住客户所说的每一个字那样。

你在别人说话的时候保持专注不分心,就是最基本的倾听技巧。这是所有技巧中最难养成的,但它的回报是相当可观的。

2. 不要急于打断,不要急于下结论,等你的客户说完

如果客户说出的是我们不同意的观点、意见,我们会在心里阐述自己的看法并反驳对方,但我们不要急于反驳或者作出判断,对不同想法和不正确

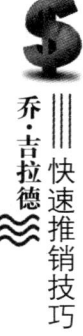

的观点,要待对方说完以后再做进一步的交流。

3. 与客户进行眼神交流

"眼睛是心灵的窗户",那么为什么要闭着窗户,让客户来猜心思呢?不要再抱怨客户为什么不理解你、不相信你。用眼神与客户交流,如果我们两眼空洞无神的话,那么就会给客户留下心不在焉的印象,客户就会认为你不值得信赖。

与顾客谈兴正浓时,切勿东张西望或看表,否则对方会以为你听得不耐烦,这是一种失礼的表现。如果目光游移不定就会使客户们联想到轻浮或不诚实,就会对我们格外警惕和防范。这显然会拉大彼此间的心理距离,为良好的沟通设置难以跨越的障碍。

4. 复述

我们在与客户开始沟通前最好复述一下对方的观点,这不仅是一种认同,更能检查你是否认真倾听。

5. 适当使用讨教的语气求教

我们可以降低姿态,以讨教的语气进行交流,比如,你可以问对方:"请问,您刚才说的电脑的配置,指的是哪些方面呢?"倾听时如此反馈,一来会体现出你在认真倾听,二来可以满足对方好为人师的心理,以此来促成销售。

6. 表达认同,但要先停顿一下

当客户讲完以后,你一定要表达自己的意见,也就是反馈,但一定不要心急,不可心里想什么就直接说出来,不妨先等个几分钟,这样做,有三个好处:首先,如果客户只是暂时停顿、整理思绪,那么,着急发表意见只会打扰客户;其次,沉默是一种尊重他人意见的表现,对客户的言论表示慎重,这是一种最大的恭维;再者,这样也可以给自己留下思考的空间,便于应付与客户接下来的谈话。

"喜欢说,不喜欢听"是人的弱点之一,喜欢被认同是人的弱点之二,如果你在与客户见面时,能够掌握这两个人性的弱点,让客户畅所欲言的同时获得一种认同感,你一定会事半功倍。

耐心地倾听能为你促成交易

销售过程中,我们经常遇到客户的抱怨,可能是产品质量问题,可能是售后服务问题等,能否处理好客户的抱怨,体现了我们的销售水准。如果我们能不厌其烦地细听客户的抱怨,让客户激烈的情绪在我们的耐心中逐渐冷却下来,那么,我们不仅能消除客户的抱怨,还能成为客户的朋友。

一天,某饮料公司经理办公室突然闯进一位先生,并直接对经理大喊大叫:"你们哪里是饮料公司,简直是要命公司! 只顾着自己赚钱,都掉进钱眼里了! 你们眼里还有消费者吗?万一你们的产品把我们消费者喝出个好歹来,看你们怎么收拾! 没有一点社会责任感! 典型的奸商!"很快,秘书准备叫保安,但被经理拦下了。

这位经理不紧不慢地说道:"先生,究竟发生了什么事情,请您告诉我,好吗?"

"你自己看吧,饮料瓶里居然喝出玻璃碎片,这简直是谋杀,我要告你们!"这位先生把一个饮料瓶重重放在办公桌上。

经理拿起瓶子一看:"怎么会发生这种事,太骇人听闻了,人吃了这东西会要命的,先生,这都是我们的错!"他立刻拉住对方的手,"请你快告诉我,你家人有没有误吞玻璃片,或者被玻璃片割破口腔,咱们现在马上送他们到医院治疗。"

这时,这位先生的火气消了些,说,没有人受伤。

听了这话,经理显得轻松了很多,然后对对方表示感谢,并愿意赔偿李先生的损失,并表态,以后杜绝这种事情的发生。最终,这位先生的火气全

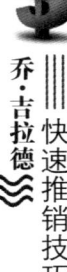

消了,满意地离去。

其实,有时候,客户的抱怨并不是什么大问题,而是希望获得一个满意的答复,这时,就要看我们的态度了,这才是客户最在意的。此时,如果我们能够抱着尊重他们的态度,认真倾听他们的抱怨,并适当做一些安慰和同情,他们一定会把我们当成朋友,情绪自然也会缓和下来,这样,很多问题就已经解决了。

在销售与服务中,除了微笑是一种巨大的力量外,耐心也具有强大的征服力量。耐心是赢得客户的关键素质之一。爱因斯坦说,耐心和恒心总会得到报酬的,这句话对于销售人员处理客户投诉真是再合适不过了,因为你在面对客户投诉带来的各种麻烦时,只要能够平静从容、耐心对待,最终问题必定会得到圆满解决的。

所以,任何一个客户来投诉时,无论开始的脾气有多大,销售员必须耐心地听,鼓励客户把心里的不满都发泄出来。当客户恢复了理智和清醒后,销售员才能正确地着手处理面前的问题。而且,因情绪激动而失礼的客户冷静下来以后,必然有些后悔,这比销售员迎头批评他们要有效得多。

此时,我们需要做到这样倾听:

1. 以理解的心态倾听

这就要求我们面对客户时,要将我们置身于客户所处位置上,设身处地地为其着想,从对方的角度去理解说话的含义,而不能将我们的意念、猜测等强加到对方头上。这样才能保证对所获信息的理解更加符合客户的本来意思。

2. 全面性倾听

这是保证能充分、全面听取客户心中问题的最好的办法,这就需要我们不仅要全面从沟通中获得客户所要表达的完整含义,同时不要放过对方语言之外所表达的意思,包括其所表达的情感、语音语调等。沟通时对客户的表达有疑问的,要采取向对方提问等方法来确保理解的正确性。

3. 不要打断

面对客户投诉,我们要认真倾听,让客户先将所抱怨的问题说完,然后再站在客户的立场上来说服客户,给客户逐一解决问题。因此,销售员在面对客户投诉时,不要急于表达自己的观点,要让客户多说自己多听。如果客户刚一说话,你就打断,"我明白你的意思了"、"你的问题是……的吧",这样很容易激怒客户。

销售员要明白,客户向你投诉,很大程度上他是在倾诉他心中的不满和意见,他希望你能认同他的观点,对他的处境表示同情,然后帮助他们去解决问题,他们不希望听到的是销售员的解释、说明或辩护。

4. 善加提问

当客户抱怨完后,我们要停顿几秒,然后要和案例中的这位经理一样询问对方:"请你快告诉我,你家人有没有误吞玻璃片,或者被玻璃片割破口腔,咱们现在马上送他们到医院治疗。"这类询问表达的是一种关心。另外,通过提问可以真正弄清对方的意思,避免不必要的误解,也可以表明你在认真聆听,与对方形成呼应,并能对客户加以引导,让对方跟着你的思路走,让对方感受到重视,也可弄清对方对你的话理解到什么程度。

5. 及时地说声"对不起"

很多时候,我们在面对顾客时,都难以说出道歉的话,因为你会觉得事情不一定是你的责任,而实际上,"对不起"或"非常抱歉",这并不一定表示都是我们的错,而是为了表明我们对顾客不愉快的经历的一种遗憾的同情和理解,并且,你不用担心顾客会因为得到了我们的认可,进而变得越发的强硬,因为认同的智慧会将客户的情绪引向解决问题的方案上。

当然,在听完客户的抱怨后,我们还应该给客户一个解决方案或者明确的答复意见,如果自己能够解决的,马上为客户解决;如果当时无法做出解答的,要做出时间上的承诺,并把处理的建议、日期和方法告诉客户。在处理过程中,无论进展如何,到承诺的时间就一定要给客户答复,直至问题的解决。

顾客的需求就是你的使命

我们都知道,与客户沟通的过程是一个双向的、互动的过程。鼓励客户多说、积极倾听有助于我们接收来自客户的信息,如果不能从客户那里获得必要的信息,不能挖掘出客户的需求,那么销售人员的整个推销活动都将事倍功半。我们还要懂得倾听,因为我们的产品只有在能满足客户的需求的情况下,才能真正打动客户。

在一个好的销售员的品质中,都有一种品质是最重要的,那就是"聆听",会聆听的销售员,往往在营销的路上能够走得更远。"聆听"的意思就是"倾听",也就是要"耳听八方"。科学研究证明耳朵所收集到的信息比眼睛要多得多。

刘雪在一家大型图书卖场工作,两年来,她为很多图书爱好者推荐出了心仪的书籍,可以说是一位非常合格的销售员。

有一天,卖场来了一位30岁左右的男子,他的脚步停留在一堆心理学书籍旁。这时候刘雪走了过去,打招呼说:"你好,先生,你是要购买关于心理学的书啊?"

客户回答说:"我随便看看。"刘雪知道客户不愿意跟自己说话,于是,她站在一旁,并没有多说什么。这位先生又在心理学书籍书架旁翻阅了很久,不知道究竟买哪一本好,显得左右为难的样子。此时,刘雪觉得时机已经成熟,于是,她走过去,对那位先生说:"先生,请问你想购买什么样的书呢?"

客户:"我想买一些心理学的书看看,但是我不知道该买哪一本好。"

刘雪:"是啊,现在的心理学书太多了,不知道您购买心理学书籍是出于爱好,还是其他原因呢?"

客户:"其实,我购买心理学书籍有很多因素,我本来就比较喜欢这类的书,以前读书的时候没有时间读,现在想买点这方面的书看。另外,我现在的工作也需要掌握一些心理学基础知识。但我对心理学知识是一窍不通。"

刘雪:"要是这样的话,我建议你买一些心理学基础知识。这本《心理学基础》就很不错,等你有了基础再买别的吧。因为心理学非常难,买的书太难了,根本看不懂,还会给自己造成心理阴影。"

最终,客户选了一本《心理学基础》,高兴地离开了。

我们发现,案例中的图书销售员刘雪是个善于把握客户心理,找出客户真实需求的人。刚开始,在客户刚刚光临的时候,她热情的帮助被客户拒绝后,她并没有继续"纠缠"客户,而是等客户真正需要帮助的时候再"出现"。在得到客户肯定的回答后,她开始一边倾听,一边引导客户继续说,进而逐渐让客户主动说出自己想购买的书籍类型,从而很好地帮助顾客做了决定,达到了销售目的。

的确,倾听的最终目的是为了服务于销售。而我们若想成功推销产品,就必须要了解客户的需求。而事实上,出于防备心理,客户是不会主动说出其内心真实想法的。这样,就需要我们在倾听客户说话的过程中多留心,不要为了倾听而倾听,而要及时把话题转到销售工作上。

那么,具体说来,我们怎样才能倾听出顾客的需求呢?

1. 从关心客户需求入手

现实销售中,一些销售人员完全站在自己的立场上考虑问题,希望一股脑儿地把有关自己所推销产品的信息迅速灌输到客户的头脑当中,根本不考虑客户是否对这些信息感兴趣。这些销售员,几乎从刚一张嘴就为自己的失败埋下了种子。要知道,实现与客户互动的关键是要找到彼此间的共同话题,这就要求销售人员首先要从关心客户的需求入手。

对于客户的实际需求,销售人员需要在沟通之前就加以认真分析,以便准确把握客户最强烈的需要,然后从客户需求出发寻找共同话题。

2. 找出有利于销售的谈话内容

(1)核心点。这里的核心点指的是客户最感兴趣的关于产品的某个"点",也就是能满足客户需求的某个"点"。

(2)情绪点。人都是有情绪的,或欣喜,或气愤,或关注,或冷漠等,客户在与销售员沟通的过程中,也会产生诸多情绪,而当销售员听到客户在话语中流露出有利于购买成交的信号时,就要立刻抓住机会,促成交易。

(3)敏感点。世界上没有无瑕疵的产品,因此,我们的产品或多或少会存在某些让客户不满意的地方,这个让客户不满意的地方,无外乎如价格、折扣、性能、保障、售后服务,购买承诺等。

3. 询问客户

销售员在沟通中,只有了解客户在意什么,不在意什么,才能做到有的放矢地沟通,而事实上,有些销售员却忽视了这一点,总是只顾自己讲,而不明白客户的真实想法,最终导致沟通方向与客户期望的方向背道而驰。那么,怎么才能解决这一问题呢?唯有询问!询问可以更好地控制谈话的进程,更大程度地调动客户的兴趣和积极性。而询问往往可以使销售员得到更多的信息,这些信息都会对促成交易有利。

当销售员向客户解释一段后,就应该向客户进行询问,看他可能听进去了多少,听明白了多少,他的看法如何。这时,销售员应该问:"关于这一点,你清楚了吗?"或者"您觉得怎么样?"这样就给客户提供了一个说明他的想法的机会。

4. 确定客户需求后,要及时将话题转到销售上

在确定了客户的需求之后,销售人员虽然可以针对这些需求与客户进行交流,但是这还达不到销售沟通的目的,这就需要销售人员巧妙地将话题从客户需求转到销售沟通的核心问题上。例如:

"大爷,最近听说又有冷空气要来,今年冬天的天气真是没有往年好呀。

您岁数大了,尤其要注意保暖,省得头疼感冒不说,还可以减少关节炎的疼痛。您看一下这件适合老年人穿的加厚羽绒服,它既暖和又舒适,而且非常耐穿……"

另外,我们在将话题转换到销售上时,要多使用积极的语言,这样在转化话题的时候,会更自然、巧妙,能更好地引导顾客从有利的一面看待产品,促进产品销售。

做顾客的知己,多多制造共鸣

现实生活中,我们发现,对于陌生的推销员,我们似乎都有一种本能的戒备心,但对于我们的朋友,我们却备加信任。而人与人之间为什么会由陌生人到朋友?因为情感的共鸣!人们都喜欢跟与自己有共同爱好、兴趣的人交往,而对于那些与自己"志不同,道不合"的人,则会退避三舍。因此,在与客户沟通的过程中,你不妨先不谈销售,把老客户当做真心朋友,倾听其内心,多多制造共鸣,你就会很轻松地在业务上有意外收获。

有名电脑推销员叫杨平。一次,他向某大公司推销电脑。工作努力的他,加上平时跑得勤,功夫深,成交希望非常大。但他没料到的是,"半路杀出个程咬金",在关键时刻,该公司总经理把这件购买事宜交给了一个技术顾问——电脑专家陈教授。经过考察,陈教授私下表示,两种品牌,各有优缺点,但在语气上,似乎对竞争的那一家更为欣赏。杨平一看急了:"煮熟的鸭子居然又飞了?"于是,他准备进行最后的努力。他找了个机会,口沫横飞地辩解他所代理的产品如何地优秀,设计上如何地特殊,希望借此改变陈教授的想法。谁知道,还没等他说完,陈教授不耐烦地冒出了一句话:"究竟是你比我行,还是我比你懂?"这话如五雷轰顶一样打醒了杨平。

当杨平垂头丧气地回到公司,向同事诉说这件事后,一位同事告诉他:

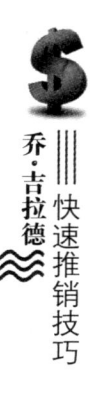

"为什么不干脆用以退为进的策略推销呢?"并向他说明了"向师傅推销"的技巧。"向师傅推销",切记的是要绝对肯定他是你的师傅,抱着谦虚、尊敬、求教的心情去见他,一切的推销必须无形,伺机而动,不可勉强,不可露出痕迹,方有效果。

于是,杨平重整旗鼓,再次拜访陈教授。见了面,他一改自己的说话习惯,对陈教授说:"陈教授,今天我来拜访您,绝不是来向您推销。过去我读过您的大作。上次跟老师谈过后,回家想想,觉得老师分析得很有道理。老师指出在设计上我们所代理的电脑,确实有些特征比不上别人。陈教授,您在××公司担任顾问,这笔生意,我们遵照老师的指示,不做了!不过,陈教授,我希望从这笔生意上学点经验……"杨平说话时一脸的诚恳。

陈教授听了后,心里又是同情又是舒畅,于是带着慈祥的口吻说道:"年轻人,振作点。其实,你们的电脑也不错,有些设计就很有特点。唉,我看连你们自己都搞不清楚,譬如说……"陈教授谆谆教导,杨平洗耳倾听。这次谈话没过多久,生意成交了。

这则案例中,推销员杨平刚开始推销的失败是因为他忽略了倾听在与客户沟通中的重要性。他只顾自己说,大谈自己产品的优势,而这场沟通的结局就是客户的回答:"究竟是你比我行,还是我比你懂?"他犯的错误就是,只说不听,试图显得比客户更高明是不会赢得客户好感的。他能挽回败局,将一笔快泡汤的生意又做成,其原因是利用了人性的弱点,先将销售搁置,然后通过求教,站在对方的角度说话,同时满足了对方的自尊心,赢得了对方的好感从而成功了。

那么,具体来说,我们如何倾听,才能让客户把我们当成知己呢?

1. 善于激发顾客的谈话兴趣

首先,这需要我们做到全身心地投入到倾听客户讲话的过程中。比如,我们应该身体稍稍倾斜,认真倾听,以此来展示倾听的兴趣,不要轻易打断顾客。另外,倾听的时候,要配合轻松、自然的表情,通过点头示意或者鼓励性的微笑,并不时地以"哦""我知道了""没错"或者其他话语让顾客知道你对他谈话内容的赞许,鼓励顾客说话。当然,对客户倾听的回应应放在客户说完以后,因为客户一旦在诉说的过程中被打断,一些反映顾客需求、动机、感情的事实和线索就可能会被遗漏。

2. 专注

我们在听取客户说话时,对客户所反映的内容精力要非常集中,要不停地加以分析、概括和汇总所听到的信息,要关注每一个细节,要重视和发现一些不起眼的小信息所起到的作用。

3. 不要反驳

如果客户说出的是我们不同意的观点、意见,我们先在心里阐述自己的看法并反驳对方,但不要急于反驳或者作出判断,对不同想法和不正确的观点,要待对方说完以后再做进一步的交流。

虽然大多数人认为销售员应拥有一副三寸不烂之舌,但却忽视了他们更应该是一名最佳的听众。如果销售人员不善于倾听,就容易造成误解。更为严重的是会造成无法把握客户的真实需求,而与客户的购买意图背道而驰!

第14章

稳妥售后,老客户为你实现不败的销售梦想

"我相信推销活动真正的开始在成交之后,而不是之前。"

——乔·吉拉德

在市场竞争日益激烈的今天,没有服务就没有营销,这已经是不争的事实,一流的售后服务是关系到企业生存和发展的重要因素之一。因此,销售员在不断开拓新客户的同时,一定不要忘记与老客户进行沟通,并保持稳定关系。这就要求我们心怀一颗"感恩的心"去面对我们的每一个客户,我们的生意才会做得红红火火!

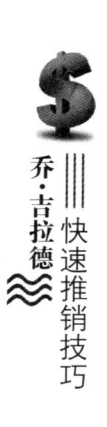

"第二次竞争"就是售后的开始

作为销售员,我们都知道,让客户决定购买,与客户签订协议,是我们销售工作的最终目的,我们的业绩来自于成交量的多少。因此,一些销售员认为,只要客户完成购买,就万事大吉,就意味着销售的结束。实际则不然,一次销售的结束,恰恰是另一次销售的开始。聪明的销售员即使在销售结束后,还不断地为客户服务。因为他们明白,赢得售后是产品的"第二次竞争",客户在使用产品的过程中,无论遇到什么问题,他总是能及时出现,帮助客户解决问题,当客户习惯于他的服务后,便产生出一种依赖感:无论他需要购买产品还是售后服务,他总是会想到这位销售员。于是,这位客户便成为这位销售员的最忠实客户。

可见,销售员若想扩大自己的忠实客户群,就要不断利用售后的机会,即使售后已经不是你的工作,你也要注意与售后部门密切配合,为客户提供一流的售后服务工作。这不仅可以减少客户投诉,提高客户忠诚度,也是扩大销售的重要方面。

乔·吉拉德有一句名言:"我相信推销活动真正的开始在成交之后,而不是之前。"他深信:在成交之后继续关心顾客,将会既赢得老顾客,又能吸引新顾客。于是,乔·吉拉德每月会给他曾经的顾客寄出上万张他亲笔签名的贺卡,让顾客们永远记住乔·吉拉德。永远记住,买汽车只要去找一个人就可以了,那个人就是乔·吉拉德。

当客户购买销售员的第一件商品的时候,虽然生意已成交,但是销售员的工作并没有结束,接着就是售后服务工作的开始,而售后服务又是下一次交易促成的基础。因此,与客户成交之后,为客户提供一流的售后服务是非常重要的,它关乎到公司和销售员在这个行业中的口碑。而且,通常情况下，客户的抱怨中多半是关于产品售后服务的，这就说明售后服务在销售中是十分重要的，它代表着销售的精神、文化、现象。因此，一流的售后服务是处理客户投诉、防止客户抱怨的一条有效的途径。

销售员要想拥有客户，那么就得成为客户依赖的人。当客户想要购买你所销售的产品的时候，第一时间想到你的时候，基本上客户已经离不开你，已经深深地依赖你了。那么，具体来说，销售员怎样做才能赢得售后呢？

1. 经常回访客户，让客户看到你的责任心

和售前相反，在售后服务中，销售员拜访客户越是殷勤，客户对你的产品越是信任，越是相信你的工作能力和责任心。在售后服务中，你的工作是否做得到位直接影响客户对你和你的产品的忠诚度。

所以，售后工作中，销售员一定要工作努力一点，拜访客户勤快一点，这样，客户的担心就少一点，对你的信任就更多一点。即使产品出现一些意外情况，你能第一时间出现，客户也不会怪罪于你，反而感激你的负责。这样一来，客户没有理由不和你合作，没有理由不依赖你，成为你最忠实的客户。所以，销售员在跟单的时候一定要认真和勤奋，因为这样能获得客户的依赖。

2. 经常问候你的客户，让客户随时都感觉到你的存在

有时候，销售员凭借自己的口才说服客户购买，但如果不经常和客户联系，那么，客户很可能很快忘记和你合作过。产品不存在什么售后问题，大家就相安无事；但如果产品出现问题，那么，客户就会更加质疑你的公司和产品，更不可能说介绍给你新客户。而相反，如果你经常与客户联系，在重大特殊的日子里，给客户送上最温馨的祝福，即使你和客户是新交，那么，也能混个耳熟。当你和你的公司已经存在客户的意识里的时候，客户在下一次购买或者有新客户的时候，一定第一个想到你。

3. 随时让客户了解到你和你的公司的最新发展状况

销售员自身的发展也是依靠公司的，你的客户如果知道你的公司正在

发展壮大,也一定会对你多一分信任。所以,销售员对公司新产品的宣传一定要到位,让客户觉得你所在的企业是不断地发展壮大的。如果销售员将这方面的工作做到位,无疑是解决了客户的后顾之忧。客户对合作没有顾虑,实际上就是对销售员的依赖和信任。

总之,推销是一个连续的过程,成交既是本次推销活动的结束,又是下次推销活动的开始。推销员在成交之后继续关心顾客,将会既赢得老顾客,又能吸引新顾客,使生意越做越大,客户越来越多。

让客户感到自己永远是最被重视的那一个

乔·吉拉德说:"当我,乔·吉拉德卖给你一辆车以后,我要做三件事:服务、服务、还是服务。有人问我:'乔治,我一个月只卖掉4辆车,都有点照顾不过来客户了,你是怎么做到的?你的业绩可是平均一天卖6辆,你怎么为这么多客户提供服务?'一个月卖掉四五十辆车对我来说太容易了,我与一家很有情调的意大利餐厅签有合约。在每月的第三个星期三,我会邀请客服部的36位同事,他们是维修汽车的技工,邀请他们来与我一同进餐。我给予他们关爱,重要的是他们也表现出对我的爱。所以当客户来的时候,我的助手去客服部能请出4位技工,二话不说打开工具箱马上开始修理你的爱车。在那之后你会去找谁买车?乔·吉拉德。因为我给你们关爱,卖车时我会给你承诺,因为我卖给你车后会告诉你,我绝不会对这辆车置之不理。你叫艾迪,对吗?艾迪,我决不会抛弃这辆车,我会一直关注这辆车。无论你何时何地需要我,我都会给你的车提供超乎想象的服务。投之以桃,报之以李。通过口碑相传,乔·吉拉德的服务尽人皆知。全美国的人蜂拥而至,来我这里买车。"

估计任何一个销售员都羡慕乔·吉拉德的销售业绩,那么,我们也应该和他一样重视对客户的售后服务。当我们把产品卖出去以后,并不是就万事大吉了,相反,这正是下一次销售的开始。客户购买完产品,无论是对产品质量、使用方法等存在疑问,还是维修工作,我们都应做到不遗余力地为客户解决。只有让客户满意,才可能打开新的销售大门。乔·吉拉德所谓的口碑营销,也就是这个道理:如果你的产品和服务都非常优秀,价格也合理,有时不用你要求,客户也会介绍他身边的人找到你。

另外,从事销售的人都知道,开发一个新客户花的时间要比维护一个老客户的时间多3倍。权威调查机构调查的结果显示:正常情况下客户的流失率将会在30%左右。为了减少客户的流失率,销售员一定要做好售后服务工作以与客户建立起良好的关系。

那么,销售员该做好哪些售后方面的工作呢?

1. 推销完毕之后对客户的追踪

当我们把那些产品推销出去之后,我们还要和那些客户保持联系。这样,我们可以更加了解客户的要求,还可以知道他们是否对我们推销的产品感兴趣。我们还可以在和客户交流的时候,进一步了解客户的新的需求。如果当我们了解到那些客户对直销员所推销的产品存在着某一些问题,对我们所推销的产品有一些意见的话,我们一定要在最快的时间内采取措施,以满足客户的需求并表示抱歉。这样,可以延长我们的销售员同客户之前联系的时间。在推销之后和客户保持联系,并在联系的过程中,让客户感到自己购买此产品是明智的,这样会增加他们再次购买我们产品的机会和可能性。

2. 建立客户"发泄机制",及时弥补客户的不满

作为销售员,我们都知道,即使做工再精细的产品,也会存在一些不足;抛弃这点,客户在使用产品的过程中,也可能因为使用不当,产生一些问题,这些问题都会让客户产生抱怨甚至投诉。对此,一些销售员觉得很难接受,认为客户太挑剔,是在故意找茬。在处理这些问题时要不以推脱的态度,把

责任归结于售后部门；要么害怕客户的抱怨，一遇到抱怨的客户，就像泄了气的气球，只会打退堂鼓。其实这是不可取的。

被誉为"经营之神"的日本企业家松下幸之助曾说过："对待有抱怨的顾客一定要以礼相待，耐心听取对方的意见，并尽量使他们满意而归。因为，他们将会为你的产品做免费的宣传员和推销。"作为销售员，我们应该理解客户，并建立客户"发泄机制"，认真倾听对方的抱怨，而只有这样才能为客户提供优质的服务，同客户建立长久的合作关系。

3. 做好定期的回访工作，令客户感到你的责任心

销售工作中，我们常常要进行一些售后工作，比如回访。回访是指公司客服部门相关负责人，向本公司的客户回访有关本公司的产品及服务的态度及一些问题，从而提供更好的服务，并提升公司的形象。所以，做好客户回访是提升客户满意度并为之带来新客户的重要方法。客户回访对于维护老客户来讲更重要，通过客户回访，可以令客户感受到你的责任心，还可以得到老客户的认同，创造客户价值。充分利用客户回访技巧，来加强客户回访会得到意想不到的效果。

就电话回访客户而言，避免客户在当天接到两次回访的电话，因为有的客户会产生反感。为了将我们的售后服务做到更好，销售员最好将一周的回访统一在周五或周六。另外，通过回访，要从中发现问题问题。客户反应的问题当时能解决的就在当时解决，没有解决的在本周内解决。要从回访中提高客户对你的满意度。

总之，销售员只有做好售后服务工作，取得客户的满意，才能处理好与客户的关系，与他们交朋友，得到他们的信任、欣赏，这样才有可能通过他们找到新客户。

和顾客建立长期的合作关系的技巧

作为销售员,我们都知道开发客户的重要性,这一点毋庸置疑,但与客户保持稳定的关系也是非常重要的。在销售界有这样一句话:开发一个新客户花的时间要比维护一个老客户的时间多3倍。因此,我们一定要注意这样一条法则:在不断开拓新客户的同时,一定不要忘记与老客户进行沟通,并保持稳定关系。良好的客情是无价的,而且维持良好的客情是不易的,这就要求我们心怀一颗"感恩的心"去面对每一个打过交道的客户,和客户维持良好的客情,并做到悉心维护,我们的生意才会做得红红火火!

汽车销售冠军乔·吉拉德为了与自己的客户保持联系,每个月都会寄出15 000封明信片,这样客户始终没有办法忘记他,即使自己暂时不更换汽车,也会主动介绍客户给他,相信这也是乔吉拉德成功的关键因素之一。

一次,当记者问乔:"在你的职业生涯中,像你刚刚所谈到的,给客户寄一些明信片,每月、每年,现在时代发展了,很多人都用电子邮件,你还是坚持亲笔写明信片给你的客户吗?"

乔·吉拉德:"电子邮件是种偷懒的方法。世界在变,产生了电子邮件,电子账单。个人联系永远都存在,并且占有重要地位。人购买人。买车不能仅仅靠电子邮件,你需要知道具体谁卖给你车,他能为你做什么。就像我刚刚讲到的,在中国给我6个月,只要6个月,我会造成惊天动地的影响。因为我会再度创造一个口碑相传,吸引客户不离不弃的销售王国。你摆脱不了我的推销。逃离我的推销只有一种可能,那就是你离开人世了。即使你升到天堂,你也会在地球上空听到乔·吉拉德的名字,你的灵魂还会回来找我。哈哈。"

从这段谈话中,我们发现乔·吉拉德成功的关键因素之一,那就是与客户保持联系。而他与客户保持联系的方式是特殊的——寄送个人信笺,而他认为,电子邮件是种偷懒的方法。

作为销售人员,同样也可以采用这种方法与客户保持联系,只是,现在IT技术的发展与乔·吉拉德时代已大不相同,很多销售人员用电子邮件的方式来代替明信片和手写信件,毕竟成本会降低,提高效率。不过,作为传统的手写信件、明信片在销售中确实也具有不可估量的作用,可以给与众不同的感觉。

而现实销售中,有些销售人员在这方面做得却不够。一旦与客户签约,他们便疏忽了与客户的联系,久而久之,好不容易与客户建立起来的关系也就泡汤了,这也就应了人们常说的"签一单,丢一单"。

对于销售人员来讲,要从内心解决这个问题,最好从态度上来解决:把这些客户当成终生的合作伙伴来看待,来经营这些关系,而不是单纯来销售产品给客户!一旦我们有了这样的想法和理念,相信就会马上行动起来,与客户建立长期关系,以获得更稳定的销售业绩。

那么,除了乔所推荐的这种寄送个人信笺的方法与客户保持联系外,我们还可以使用哪些技巧与客户联系呢?

1. 经常与客户见面

一回生,两回熟。有可能的话,一天见一次面,只有见得多了,才能成为好朋友。这一点很难做到,但是必须做,这是一个良好的开始,没有这一步,成功的希望很渺茫。

2. 关注客户,及时送上问候

只有这样,你才会一点一滴地为客户着想。例如:过生日的时候不忘祝贺,可以送个蛋糕或者一束鲜花等;节日的时候要向客户祝贺或者问候;出差时不忘道一声一路平安;归来后打个电话给客户接风,即使是一句空话,但是这是一句不能缺少的话;凡是你能为明星做的或想的,就一定要对客户做。

3. 经常与客户在餐桌上交流

有许多人,与客户接触了一个月了还没有与客户吃一次饭。有人说我请了,可是人家不愿意出来,这需要你认真考虑自己的做事方式。

4. 短信

随着手机的普及,短信现在也成了时髦消费,很多人也已经习惯了接收短信。从销售的角度来看,短信也会是一个比较好的与客户保持长期接触的方法。短信最常用的应用领域是节日问候、生日祝福等。

5. 邮寄礼品

节假日来临的时候,通过短信和电子邮件向客户问候的方式已非常普遍,但除此之外,在条件允许的情况下,最好能给客户寄些实质性的礼品,这是实施情感营销中必要的一个环节。

6. 客户联谊

现在不少企业为了更好地为自己的客户服务,都成立了自己的大客户俱乐部,定期举办各种主题的客户联谊活动,以进一步增强客户关系,这种方式特别适合那些以关系为导向的电话客户经理,而且业务地域比较明显的行业,例如电信行业、金融行业等。

7. 电子邮件

通过电子邮件群发,可以与所有的客户保持一个比较密切的联系,像节日问候、新产品介绍等都可以通过电子邮件来完成。

很多公司都会制作公司简讯,每两周向自己的客户发送一封电子邮件,这样做的一个好处是不让那些暂时没有需求的客户忘记自己,这是通过电子邮件与客户保持接触的常用方式。

总之,建立长久的合作关系,对于我们的销售工作是大有裨益的,掌握以上这几种与客户建立关系的技巧,能顺利帮助我们打动客户,让其成为我们的忠实客户,但同时,我们还需要注意:合作伙伴关系并不是一成不变的。随着时间的推移,客户自身的改变也会给合作伙伴关系带来影响。我们还需建立一套客户档案,跟踪、分析客户的动向,并及时对客户的改变作出迅速积极的反应,才能将这种合作关系维持下来。

挖掘老客户身上的潜在效应

我们经常看到一些销售员,为找不到客户而犯愁,而实际上,他们没有意识到自己浪费了一种非常好的客户资源,即老客户。实际上,老客户背后的资源是相当广泛的。细心的销售员都会发现,那些销售高手们都很善于管理自己的客户,有一套自己的管理方法:他们一般都会建立关于各个客户的资料,然后能找出客户间的联系,然后利用这些联系,巧妙地挖掘出老客户身上的潜在效应,为自己找出新的客源。不仅如此,这也是一个很好的管理客户的方法,当客户形成一个客户群体的时候,客户的忠诚度也随之提高。

乔·吉拉德有一句名言:"买过我汽车的顾客都会帮我推销"。他认为,干推销这一行,仅凭发掘自身的潜力还远远不够,它同样需要别人的帮助。之所以他能把推销工作做到极致,被人们尊称为"世界上最伟大的销售员",除了自身的努力和天分以外,他还充分利用了朋友和老客户来帮助他寻找新的客户和潜在客户。

在推销界,可以说,任何一个人都知道乔·吉拉德的"250定律":不得罪一个顾客。从这个定律中,我们发现,任何一个与推销员打交道的客户周围,都有一些与之亲近的人,这就是客户身上存在的潜在效应,推销员只要做好售后工作,并学会挖掘出这些资源,那么,新的销售机会也就应运而生。

乔·吉拉德这种销售策略也符合美国著名的心理学家和人际关系学家戴尔·卡耐基说过的一句话:"一个人的成功是靠85%的人脉关系,15%的专业知识取得的"。

的确,生活中的每个人,都生活在一定的环境中,都需要别人的帮助:在家里,家庭成员要彼此互相照顾、互相帮助;在工作中,同事之间不可能完全独立地完成工作,需要同事彼此的配合帮助;在社会中,我们需要朋友之间互相关心、互相帮助。而对于销售人员来说,想要达到更高的销售目标,更是离不开客户的支持和帮助。在推销这个充满竞争的行业里,寻找潜在客户是一个非常艰辛而漫长的过程,不但需要销售人员拥有坚强的毅力和不怕苦的精神,同时也需要销售人员学会利用一切可以利用的关系来扩展自己的人脉。

那么,作为销售员,在售后中,我们该如何挖掘客户身上的潜在效应,从而为我们顺利寻找新的客户资源奠定基础呢?

1. 建立并整理客户的资料与档案,找到隐藏的客户关系

顾客档案内容一般包括:顾客的姓名、性别、爱好、性格、年龄、生日、家庭情况、职业、收入情况、联系电话。

建立顾客成交档案,我们还要对这些档案进行整理、比较、综合,才能有迹可循,找到客户间的关系,比如,我门可以找出那些可能会产生生意往来的客户,介绍他们认识,给他们带来生意。

2. 与每一位老客户成为朋友

我们的销售员只有和客户成为朋友,手拉手合作、心贴心交流,才可以更好地和客户进行沟通和交流。对此,我们要和客户保持不断联络,适时地为客户送去关怀,真正地关心客户,让他记住你。这样,客户才会加入到你的朋友圈子中,成为你的忠实的客户。

3. 多考虑客户的利益

优秀的销售员都知道一个道理:客户与自己的利益是可以达到双赢的。因此,他们在给客户推销产品时,都不会盲目地推销给客户不需要的东西,尽量为客户节省开支。而当客户体谅到他们的用心后,也会更加信任他们,并把周围的朋友介绍给他们。

4. 不断满足客户的需求

销售员和客户之间最大的联系就是产品与服务,这就要求销售员们始终不能忘记满足客户需求的重要性,提高服务水平,关心客户的利益等。

让客户把我们当朋友,从面对面的服务调整至手拉手合作、心贴心交流,逐渐建立忠诚的客户群体,才能提升我们的竞争力和提高我们的业绩!

维护老客户的方法

无论是企业还是销售人员,其利润和业绩来源主要有两个部分:一类是新客户,即利用宣传、促销活动或者销售人员的推销工作而吸引潜在客户来初次购买产品;另一类是原有的客户,已经购买过产品,使用后感到满意,没有抱怨和不满,经销售人员加以维护愿意连续购买产品的消费者。很明显,新客户开发时,不仅要进行大量的市场调研、分析、总结等工作,甚至需要动用企业来进行广告宣传等,这些环节都需要大量的财力、物力和人力支持,这样一来,单位产品成本大幅度提高,利润自然就会减少,而对原有老客户,让他们进行再次购买则不需要上述环节。同时,老客户还会为我们带来新的销售资源,也有助于我们开发新客户。

当然,要让老客户在我们的销售工作中起到以上两点作用,让他们对自己的企业和产品保持足够的信心和好感,销售员就必须引入关系营销中的老客户维护策略,真正认识到老客户是企业最重要的一部分财产,才是企业长久发展的必由之路。在老客户维护上,世界顶级销售员乔·吉拉德有其独有的一套方案,那就是建立客户档案。

从乔·吉拉德的推销经验中,我们发现,建立客户档案,不仅仅能帮助我们收集到更多的客户资料,更是一种维护老客户的良好方法。

乔·吉拉德告诉所有的销售员:"成交是服务的开始。"而现实销售中,有相当一部分销售员只重视吸引新客户,而忽视保持现有客户,使销售重心置于售前和售中,造成售后服务中存在的诸多问题得不到及时有效的解决,从而使现有客户大量流失。

为此,任何一个销售员,都需要掌握以下几点老客户维护的有效途径和方法:

1. 明确客户需求,细分老客户,积极满足顾客需求

这里包括:

①更多优惠措施

如数量折扣、赠品、更长期的赊销等;而且经常和顾客沟通交流,保持良好融洽的关系和和睦的气氛。

②特殊顾客特殊对待

根据80/20原则,企业的利润80%是由20%的客户创造的,并不是所有的客户对企业都具有同样的价值,有的客户带来了较高的利润率,有的客户对于企业具有更长期的战略意义。美国哈佛商业杂志发表的一篇研究报告指出:多次光顾的顾客比初次登门的人可为企业多带来20%~85%的利润。所以,作为企业员工的销售员,也要根据客户本身的价值和利润率来细分客户,并密切关注高价值的客户,保证他们可以获得应得的特殊服务和待遇,使他们成为你的忠诚客户。

③提供系统化解决方案

不仅仅停留在向客户销售产品层面上,要主动为他们量身定做一套适合的系统化解决方案,在更广范围内关心和支持顾客发展,增强顾客的购买力,扩大其购买规模,或者和顾客共同探讨新的消费途径和消费方式,创造和推动新的需求。

2. 建立客户数据库,和老客户建立良好关系

建立客户档案就要专门收集客户与公司联系的所有信息资料,以及客户本身的内外部环境信息资料。它主要有以下几个方面:

①关于客户的一些基本资料,比如客户的姓名、地址、电话以及个人性格、爱好等方面,这些都需要销售人员在不断的对客户的拜访中才能收集得到,并归档形成。

②客户是有竞争对手的,为此,我们也需要了解他们的资料。

③这些资料主要指的是关于客户的销售活动现状、未来发展方向与潜力、财务状况以及信用状况、存在的不足等。

3.整理、归档客户资料

这也是我们工作的内容之一,在收集完客户的资料后,不仅要妥善保存,还要进行整理、归档。为此,我们就要建立客户资料档案表,以备查询和资料的定位,客户档案每年分月管理、可给客户资料档案编号。一般来说,我们需要从以下几个方面归档:

①客户服务级别,比如,客户是普通级别还是VIP级别的;

②电话:为了避免客户更改手机号码而导致失去联系的情况,我们最好建议留两部电话。手机、座机各一个;

③业绩记录:每天,你都需要记下你完成的生意金额,每月合计出总金额方便与财务对账;

④日期:拜访之前,你需要安排好自己的工作规划,搜集客户信息,决定好在什么日期拜访客户;

⑤填写好客户的基本信息,比如,单位名称、地址、联系人等;

⑥服务年限:服务期限到期后可以直接找客户续签,这是无形之中的资源。

由此可见,客户档案是值得我们高度重视的,在日常的工作中,我们要注意做好客户档案的收集、建档、保存和管理,让客户档案为我们带来更大的效益。

4.深入与老客户进行沟通,善于倾听客户的意见和建议

善于倾听客户的意见和建议,建立相应的投诉和售后服务沟通渠道,鼓

励不满顾客提出意见,及时处理顾客不满,并且从尊重和理解客户的角度出发,站在顾客的立场去思考问题,采用积极、热情和及时的态度。

总之,老客户的维护是应当引起我们的高度重视的,做好以上几个方面的维护工作,相信老客户会为我们带来更大的效益。

让老客户有动力为你推销产品

销售中,有时候,我们和客户宣传我们的产品和价格如何如何好,在他们中某些人看来,这有点像王婆卖瓜自卖自夸。而让客户帮你介绍客户,由于有了中间人的穿针引线,你的拜访和面谈次数一定会降下来,同时成功率也会大大提高。成功之后,就意味着又有更多的新名字被介绍,重新开始另一个销售程序。如此循环下去,你就会有越来越多的客户,此时,你的客户就变成了你的摇钱树。

可见,客户的口碑宣传力量远比我们再怎么强势的销售手段都要有力得多,也是最能直接产生效应的。一个优秀的推销员懂得如何利用每位客户为他再介绍客户。

但销售员若希望老客户为我们推荐更多的有效客户,就要要求自己更加严格地要求自己,做好自身的售后服务,这样老客户就才会选择并忠诚于你,最终实现双方互利双赢的良好局面。经常有销售员郁闷地问:"人们对销售员的态度为什么这么差呢?"有人回答:"因为销售员对顾客也不好。"

乔·吉拉德认为,做推销的工作,光靠自己的力量是不够的,还需要别人的帮助。他的生意之所以如此红火,很多时候,都是得到了来自已经成交的客户,也就是他所说的"猎犬"的帮助。乔的一句名言就是"买过我汽车的顾客都会帮我推销"。

通常情况下,在已经成交后,他会把一叠名片和猎犬计划的说明书交给顾客。说明书告诉顾客,如果他介绍别人来买车,成交之后,每辆车他会得到25美元的酬劳。几天之后,乔还会寄给顾客感谢卡和一叠名片,以后至少每年他会收到乔的一封附有猎犬计划的信件,提醒他乔的承诺仍然有效。

在实施自己的猎犬计划时,如果乔发现对方是一位领导人物,具备一定的领导力,那么,乔会更加努力促成交易并设法让其成为猎犬。

乔认为,实施猎犬计划的关键是守信用——一定要付给顾客25美元。乔的原则是:宁可错付50个人,也不要漏掉一个该付的人。猎犬计划使乔的收益很大。乔·吉拉得说:"首先,我一定要严格规定自己'一定要守信'、'一定要迅速付钱'。例如当买车的客人忘了提到介绍人时,只要有人提及'我介绍约翰向您买了部新车,怎么还没收到介绍费呢?'我一定告诉他'很抱歉,约翰没有告诉我,我立刻把钱送给您,您还有我的名片吗?麻烦您记得介绍顾客时,把您的名字写在我的名片上,这样我可立刻把钱寄给您。'有些介绍人,并无意赚取25美元的金额,坚决不收下这笔钱,因为他们认为收了钱心里会觉得不舒服,此时,我会送他们一份礼物或在好的饭店安排一顿免费的大餐。"

分析:

可以说,乔·吉拉德这套挖掘新客户的方法是很有效的,1976年,猎犬计划为乔带来了150笔生意,约占总交易额的三分之一。乔付出了1400美元的猎犬费用,收获了75000美元的佣金。向为自己介绍新客源的客户支付25美元的报酬,这样,在利益的驱使下,那些已成交的客户自然会主动为其提供帮助。

老客户的推荐非常有效,如果销售人员想快速定位有效客户,就一定要利用好这个资源。可以说,只要你的产品货真价实,只要你的服务能令客户满意,即使销售业绩再差的销售人员手中都会有几个老客户。通过他们你可以得出一些详实的潜在客户资料。当然,我们若希望老客户为我们介绍新客户,一定要树立起口碑,让老客户满意。

乔的方法值得我们每个销售员学习,我们在请求老客户帮助我们提供新客源的时候,如果也能够说些诱惑力的话,那么,客户也一定乐意帮助我们。具体来说,我们可以做到:

1. 以利益为引导

这包括:

①向客户推荐新客户

如果我们的客户从事的也是与销售有关的职业,或者也需要将产品推销出去,我们就可以利用工作之便,帮助客户介绍新的客户,让其获得新的销售机会,比如,我们可以这样说:"王总,我前几天认识个朋友,他说要购置一批××,我当时就想到您的产品了,你们公司的产品信得过,您看,什么时候,大家见个面谈谈这事儿?"这样,客户一定会对你心存感激。

不过,向客户推荐新客户,我们一定要注意,不要让客户觉得我们是抱着一定的目的的,是为了交换利益。因为这样,会让客户认为你过于世故,做事总是精于算计,甚至会对你产生反感,就不会愿意继续和你合作,更别说给你介绍新的客户了。

②为客户提供额外服务

销售员在情况允许时,还可以向客户承诺会为其提供一些额外服务,当然前提是不对自己的或公司的利益造成威胁。比如你可以告诉客户:"最近我们公司要举行一个礼品大放送的活动,上次听说您喜欢喝茶,我就多给您准备一盒。"这样,让他觉得你是在很用心地跟他做生意,这样他才会信任你,并主动帮助你。

2. 对老客户要经常表示感谢

客户帮我们介绍新客户,如果我们觉得这是理所当然,不对客户表达谢意的话,那么,客户只会觉得对你的帮助毫无意义,只有经常感谢他们,他们才会乐意持续地帮助我们挖掘新客户。

3. 不要为了推销而推销,真正关心客户的利益

我们想让老客户满意,进而让其为我们树立好口碑,就不要为了推销而推销,而要真正关心客户的利益,并从这一点出发,充分挖掘客户的购买需求甚至是隐藏的需求,并努力降低顾客需求中的成本耗费,从而最终使产品符合并超越顾客期望。

为此,我们就必须从顾客的角度来推销,并要注意一些细节,要尽量在每一个细节上做到让客户满意,如果营销人员的服务超出了顾客的预期,就会打动顾客的心,使顾客的满意度提升为对产品和服务的忠诚度。比如,我们可以这样告诉客户:"我觉得这款贵的××反倒不适合您,您没必要花那么多钱买它。"而当客户体谅到你的用心后,也会更加信任你,并把周围的朋友介绍给你。

4. 敢于开口,主动要求客户帮我们宣传

很多销售员尤其是那些销售新手,会觉得要求客户帮忙介绍是一件难以启齿的事,因为他们觉得这对自己的名声很不好。其实那是错误的,只要我们说法适当、以诚恳的态度、自然的流露方式,客户是乐于帮助我们的。

当然,如果你的产品和服务都非常优秀,价格也合理,有时不用你要求,客户也会介绍他身边的人找到你,这就是所谓的口碑营销!

参考文献

[1] 王永军. 乔·吉拉德快速推销全书[M]. 北京:地震出版社,2011.

[2] 柳溪. 向乔·吉拉德学营销[M]. 武汉:华中科技大学出版社,2011.

[3] 陈安迪. 乔·吉拉德每天在想的10个问题[M]. 哈尔滨:哈尔滨出版社,2010.